KB043151

챗GPT

세계미래보고서

챗GPT 세계미래보고서

초판 1쇄 발행 2023년 4월 10일
초판 2쇄 발행 2023년 4월 20일

지은이 | 박영숙 · 김민석
펴낸이 | 하인숙

기획총괄 | 김현종
책임편집 | 유경숙
디자인 | 표지 강수진, 본문 정희정

펴낸곳 | 더블북
출판등록 | 2009년 4월 13일 제2022-000052호

주소 | (우)07983 서울시 양천구 목동서로 77 현대월드타워 1713호
전화 | 02-2061-0765   팩스 | 02-2061-0766
블로그 | https://blog.naver.com/doublebook
인스타그램 | @doublebook_pub
포스트 | post.naver.com/doublebook
페이스북 | www.facebook.com/doublebook1
이메일 | doublebook@naver.com

새로운 부의 기회는 어떻게 오는가

챗GPT

세계미래보고서

박영숙·김민석 지음

더블북

AI 혁명 2030,
게임 체인저를 말한다

제 일생에서 며칠 만에 이렇게 세상이 급변하게 뒤바뀌는 경험은 처음입니다. 불과 한 주 사이에 10년의 변화를 한꺼번에 겪고 있습니다. 이 모든 것이 챗GPT에서 기인합니다. 몇 개월 사이에 감당할 수 없을 만큼의 AI 혁명을 목격하고 있습니다. 인공지능 10년간의 변화를 그리고 최근 1년 사이에 그 속도 100배 이상의 성장을 지켜보면서 전 세계 미래학자들은 흥분의 도가니 속에서 인공지능 혁명에 대한 기대와 우려를 표명하고 있습니다.

유엔미래포럼 글로벌 미래학자들과 정보를 공유하며 《챗GPT 세계 미래보고서》 출간을 앞두고 오픈AI가 GPT-4를 출시했습니다. GPT-3.5에 비해 크게 개선된 GPT-4는 텍스트와 이미지 입력을 모두 받아들일 수 있습니다. 오픈AI는 업데이트된 기술로 응시자의 상위

10% 점수로 모의 로스쿨 변호사 시험을 통과할 수 있다고 밝혔습니다. 이어서 오픈AI는 3월 말에 웹을 포함한 타사 지식 소스 및 데이터베이스에 대한 액세스 권한을 부여하여 봇의 기능을 확장하는 챗GPT용 '플러그인'을 출시했습니다. 오픈AI는 처음에는 소수의 개발자와 구독자가 이용할 수 있도록 합니다. 즉, 플러그인은 오픈AI의 자사 웹브라우징 플러그인으로, 챗GPT가 웹에서 데이터를 가져와서 제기된 다양한 질문에 답하게 합니다. 이 플러그인은 빙(Bing) 검색 API를 사용하여 웹에서 콘텐츠를 검색하고 챗GPT의 응답에서 소스를 인용하여 답변을 작성해줍니다.

이에 뒤질세라 구글은 의료 텍스트용 대형 언어 모델(LLM)인 Med-PaLM을 출시했습니다. 이것은 광범위한 건강 관련 주제에 대한 질문에 답하고 자세한 답변을 제공함으로써 가상 의사처럼 기능할 수 있습니다. 마이크로소프트는 Microsoft 365 제품군을 위한 자체 생성 인공지능 도구를 공개했습니다. 코파일럿(Copilot)이라고 불리는 이 도구는 워드에서 문서 초안을 생성하고 엑셀의 스프레드시트에서 인사이트를 가져오고 파워포인트에서 개요를 프레젠테이션으로 전환할 수 있습니다. 이 코파일럿은 사무실 직원 90%를 대체할 수 있습니다.

인공일반지능(AGI)협회 회장 겸 싱귤래리티넷(SingularityNET)의 설립자이자 CEO인 벤 고르첼(Ben Goertzel) 박사가 2015년에 필자에게 함께 인공지능 관련 책을 같이 쓰자고 제안해서 2016년에 《인공지능혁명 2030》을 출간했습니다. 당시만 해도 인공지능이 전혀 뜨지 않을 때였는데, 그는 AGI 즉, 컴퓨터로 사람과 같거나 그 이상의 지능을 구현하는 인공일반지능이 부상하는 해가 2023년이 될 것이라고 주장했습니다. 벤 고르첼 박사는 미래학자이면서 알파고처럼 특정 문제만을 해결하는 좁은 인공지능(ANI)이 아닌 일반 인공지능을 주장하였으며 인공지능을 기업이 오용하지 않도록 오픈AI를 비영리로 세워야 한다고 최초로 주장한 사람입니다.

미국 워싱턴에 있는 글로벌 미래연구 싱크탱크인 밀레니엄 프로젝트는 지난 26년 동안 매년 미래보고서를 출판해 왔습니다. 저는 한국에서 2005년부터 제롬 글렌, 유엔미래포럼 연구원들과 함께 매년 미래예측 저서를 집필해 왔습니다. 그런데 수많은 미래 기술이 대부분 예측보다 빨리 우리 앞에 펼쳐졌고 전 세계 정부 관료, 기업인, 아카데미, 과학자들은 4,500여 명에 이르는 밀레니엄 프로젝트의 예측에 상당히 놀라워했습니다. 그 중 가장 놀라운 것은 코로나-19 도래를 예측한 일이었습니다. 2022년에는 《AI 세계미래보고서 2023》을 발간해 "ANI 로봇과 AGI 로봇은 2050년까지 지구와 우주의 생산성, 안전, 건설 환경을 극적으로 개선할 뿐 아니라 출산율 하락과 인구 고령화 극복에 도움을 준다. 나아가 인공지능 로보틱스의 커다란 발전은 세계가 2050년까지 탄소중립을 달성하고 빈곤을 퇴치하는 데도 도움을 준다."고 예측했습니다.

최근 챗GPT와 더불어 인공지능과 관련된 화두가 급부상하고 있으며 인공지능 관련 윤리 문제, 대학시험 문제, 활용 방향과 문제점 등이 제기되고 있습니다. 종래의 선생님이 질문하고 학생이 답변하는 방식의 전통적 틀에 묶여 시험과 평가 문제가 논란이 되고 있습니다. 저는 학습의 본질이 질문력과 분석력임에 착안해 공통의 인식을 함께하고 있는 김민석 국회의원과 함께 세계 최초의 인공지능 질문대회를 대한민국 국회에서 개최하기로 했습니다.

미래 사회를 내다보려면 미래예측서를 읽고 대비하는 것이 필수입니다. 2023년부터는 세계가 인공지능의 힘과 잠재력, 세계를 뒤집는 위협에 눈을 뜬 해로 기억될 것입니다.

이 책에서는 생성 AI 챗GPT 이후의 삶이 그 이전과 결코 같지 않을 것이라는 점을 글로벌 인공지능 혁명의 생생한 모습과 미래 기술 예측을 통해서 깨달을 수 있을 것입니다.

유엔미래포럼 대표

박영숙

서문 》

우리의 본질에 대한 질문과 답,
그것이 미래이고 진보입니다

챗GPT가 새로운 화두입니다. 놀람도 있고 걱정도 있고 기대와 함께 여러 논쟁이 시작되고 있습니다. 우연히 챗GPT를 일찍 접할 수 있었습니다. 최근 언론에 나오는 다양한 질문과 실험을 해보았습니다. 데이터, 분석, 연설, 설교, 문학 등 여러 분야의 질문을 해보고 또 그 답을 여러 방식으로 변주하여 다른 질문을 해보기도 했습니다. 최신의 데이터가 결합된다면, 각자의 개인화된 데이터가 적절한 보안 시스템 하에서 연계된다면 참으로 놀랄만한 편리함과 속도로 문제의 답을 찾아가는 새로운 지평이 열리겠구나 싶었습니다.

인간 문명의 진보는 본질적으로 신을 닮아가고 싶어하는 것이라 봅니다. 축지법처럼 이동속도가 빨라지고 천리안처럼 저 멀리의 것을 보게 되고 만리통처럼 까마득한 곳의 소리를 듣게 되는 것이 결국 문명·과학·기술 발전의 궤적입니다. 인공지능의 등장은 급기야 지능을 가

서문 ● 9

진 그 무언가에 대한 창조의 영역으로 들어가고픔의 표상이고, 지적 영역과 운동적 능력이 결합된 슈퍼 인공지능까지 가게 되면 아마 인간은 그 슈퍼 인공지능에 대한 사랑에 흠뻑 빠지게 될지도 모릅니다.

그러나 어쩌면 그런 새로운 지평이 열리는 바로 지금, 인간인 우리는 새로운 질문을 하게 됩니다. 인간은 어떤 존재인가? 인간만의 고유 영역은 어디까지인가? 내 감정·동정심·분노·공포·사랑은 어디까지 객관화될 수 있는가?

대학가의 시험과 채점이 이슈가 되면서 왜 꼭 '선생이 질문하고 학생이 답을 내서 평가받는' 낡은 모델에 사로잡혀 있어야 하는가 하는 생각이 들었습니다.

큰 주제를 놓고 우리가 결국 도달해야 할 로마라는 목적지로 가는 다양한 길을 찾는 항해가 학습과 교육의 목적이라면, 학생 스스로 질문을 하고 챗GPT의 답을 분석해 연이어 질문을 던지게 하여 드러나는 '질문력'과 '분석력'의, 현저할 것이 분명한 차이야말로 우리가 평가할 역량이자 교육의 목표가 아닐까?

이것이 저희가 세계 최초로 기획하고 실현할 AI 질문대회의 아이디어입니다. 콜럼버스의 달걀처럼 막상 하고나면 너무나 싱거울 일상입니다.

그러나 이제 대한민국, 서울이 이런 새롭고 매력적인 도전과 도발적 실험의 산실이 되는 시대가 열렸습니다. 전통적 세계사의 눈으로 보면 변방이었던 더 많은 곳들에서 이런 실험들이 이어질 것을 믿습니다. 우리는 인공지능을 주판 수준의 쉬운 도구로 만들며 인간이 자신의 본령인 사랑과 연대를 실현해 평화와 평등의 세상을 펼쳐갈 것을 믿습니다. 이 책이 그런 우리의 꿈을 위해 무엇을 할 것인가를 묻는 작은 질문의 또 하나의 시작이길 바랍니다.

대한민국 국회의원

김민석

Contents

PART 1

생성 AI 챗GPT의 도전과 혁신

PART 2

챗GPT가 바꿀 미래 산업 트렌드

PART 3

챗GPT가 화이트칼라를 대체한다

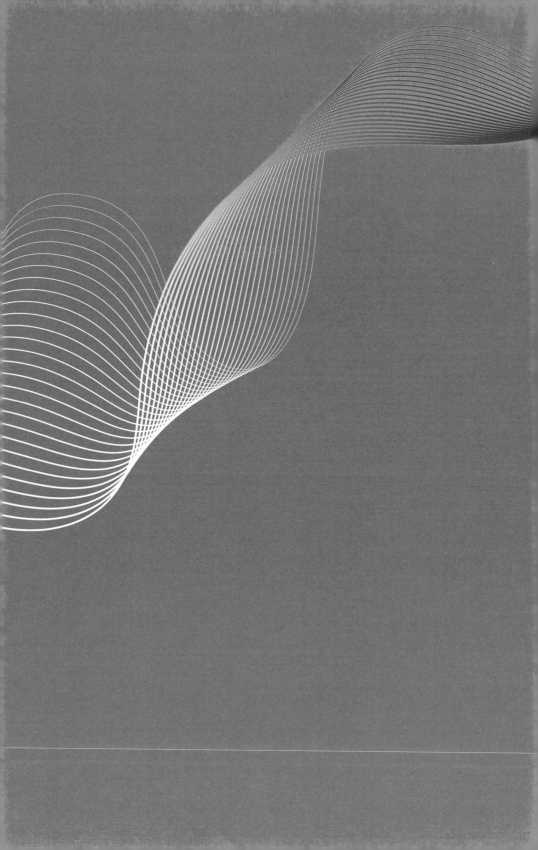

PART 1

삼성 AI 챗GPT의
도전과 혁신

챗GPT의
오해와 이해

전 세계가 기술에 점점 더 의존하게 되면서 채용 업계가 채용 프로세스를 간소화하기 위해 혁신적인 도구로 눈을 돌리고 있는 것은 놀라운 일이 아니다. 이러한 혁신 도구 중 하나는 채팅 인터페이스를 통해 구직자와 사람과 같은 대화를 가능하게 하는 자연어 처리 기술인 챗GPT이다.

챗GPT(ChatGPT)는 샘 알트만(Sam Altman)과 일론 머스크(Elon Musk) 등이 2015년에 설립한 인공지능 연구 회사인 인공지능 연구 그룹 오픈AI(OpenAI)에서 출시한 챗봇(Chatbot)이다. 오픈AI는 원래 인공지능이 인간에 대한 안전과 혜택에 중점을 두고 개발되도록 하기 위해 설립되었다. 비영리 조직으로 시작하여 미션을 지키면서 자금을 유치하고 회사의 규모를 확장하기 위해 영리(OpenAI LP)와 비영리(OpenAI non-profit)의 중간 형태인 하이브리드 구조를 통해 '이익을 제한하는 회사(Capped-profit company)'로 진화하였다. 이 회사에는 현재 수백 명의 직원이 있으며 마이크로소프트(Microsoft)가 주요 투자자이다. 2019년에 마이크로소프는 오픈AI에 약 10억 달러의 초기 자금 조달을 했고 최근 100억 달려의 추가 투자를 한 것으로 알려져 있다. 오픈AI는 현재 챗GPT, 그림을 그리는 DALL-E 2, 자동 음성 인식 모델인 위스퍼(Whisper)의 세 가지 주요 인공지능 제품을 제공한다.

챗GPT는 대화 방식으로 상호 작용하는 오픈AI에서 훈련된 고급 AI 챗봇이다. 대화 형식을 통해 챗GPT는 후속 질문에 답하고, 실수를 인정하고, 잘못된 전제에 이의를 제기하고, 부적절한 요청을 거부할 수 있다.

챗GPT는 강력한 GPT-3.5 기술을 사용한다. GPT는 Generative Pre-Trained Transformer(생성적 사전학습 인공지능 모델)의 약자로, 혁신적인 어텐션(Attention) 개념을 기반으로 하는 복잡한 신경망이다. GPT는 인터넷에서 사용할 수 있는 데이터로 훈련된 텍스트 생성 심층학습(Deep learning) 모델로, 질문과 답변, 텍스트 요약, 기계 번역, 분류, 코드 생성, 대화 인공지능에 주로 사용된다. 이 모델은 언어로 제한된다. Dall-E 2처럼 이미지를 생성할 수는 없지만 GPT-3는 말이나 글로 표현되는 단어에 대한 이해도가 매우 높다. GPT-3은 감지된 방귀에 대한 시를 짓고 대체 우주의 진부한 로맨틱코미디를 쓰는 것부터 양자 역학을 간단한 용어로 설명하거나 연구 논문 전체 및 기사 작성에 이르기까지 매우 광범위한 능력을 제공한다.

GPT-3는 상황에 대한 더 나은 이해를 가능하게 하고 기존 데이터에 기반한 응답 및 분석과 달리 생성 인공지능(Generative AI)의 길을 열어주고 있다. 생성 인공지능은 단순히 콘텐츠의 패턴을 학습하여 추론 결과로 새로운 콘텐츠를 만들어내는 것을 넘어 콘텐츠의 생성자와 만들어진 콘텐츠를 평가하는 판별자가 끊임없이 서로 대립하고 경쟁하며 새로운 콘텐츠를 생성해내는 기술이다. 과거에는 인간이 레이블을 지정한 데이터로 신경망이 훈련되었다. 이는 시간과 비용이 많이 들고 제한적이었다. 이 생성 인공지능 모델은 자가 학습하며 훨씬 더 적은 사람의 큐레이션(Curation)이 필요하다. 하지만 기하급수적으로 더 큰 모델을 처리하기 위해 훨씬 더 큰 데이터 세트와 컴퓨팅 성능이 필요하다. 최근에 GPT-4가 출시됨에 따라 사용자 경험/인터페이스와 수익 창출에 새로운 바람이 불고 있다.

현재 마이크로소프트 CEO는 최근 자사의 클라우드 플랫폼인 애저 오픈AI(Azure OpenAI) 서비스를 대중에게 제공하고 있다. 또한 오픈 AI 텍스트-이미지 생성기(DALL-E 2)를 새로운 디자이너 앱에 통합하여 빠른 상용화를 모색하고 있다. 챗GPT는 마이크로소프트의 검색 엔진 빙(Bing)과 기타 MS 오피스(MS Office) 기반 기능에 통합되어 이용되고 있다.

그렇다면 챗GPT의 응용 프로그램은 무엇인가? 챗GPT를 사용할 수 있는 응용 예는 다음과 같다.

- GPT를 사용하면 다양한 스타일, 주제, 언어로 일관되고 잘 작성된 텍스트를 생성할 수 있다. 또한 뉴스 요약, 제품 설명 또는 이야기를 만들어낼 수 있다.
- 문제를 분석하고 솔루션이나 질문에 대한 답변을 생성할 수 있다.

- 다양한 상황에서 적절하고 일관된 응답을 생성하는 데 사용할 수 있다.
- 소셜 네트워크를 위한 흥미로운 게시물과 메시지를 생성하는 데 사용할 수 있다.
- 생산성 애플리케이션을 위한 보고서, 이메일 및 기타 콘텐츠를 생성할 수 있다.
- 대용량 데이터 세트를 분석하고 여기에서 귀중한 정보를 추출할 수 있다.

'트랜스포머(Transformer)' 아키텍처를 기반으로 하는 생성 언어 모델인 챗GPT는 많은 양의 텍스트를 처리하고 자연어 처리(Natural language processing, NLP) 작업을 매우 효과적으로 수행하는 방법을 학습할 수 있다. 특히 GPT-3 모델은 1,750억 개의 매개변수 크기로, 작동하려면 많은 양의 텍스트에 대해 '훈련'되어야 한다.

예를 들어 GPT-3 모델은 800만 개 이상의 문서와 100억 개 이상의 단어가 포함된 텍스트 세트에서 학습되었다. 이 텍스트에서 모델은 자연어 처리 작업을 수행하고 텍스트를 일관되게 잘 작성하는 방법을 배운다. 모델이 잘 훈련되면 GPT를 사용하여 광범위한 작업을 수행할 수 있다. 인간의 피드백을 기반으로 한 강화 학습이 훈련에 사용되고, 이는 미세한 조정을 통해 이루어진다. 인간 인공지능 트레이너는 사용자와 인공지능 비서 모두를 대표하는 대화를 제공했다. 또한 제안서를 작성하는 데 도움이 되는 서면 제안서가 트레이너에게 제공되었다. 그래서 그들은 이 새로운 데이터 세트를 대화 형식으로 변환된 인스트럭트GPT(InstructGPT) 데이터 세트와 혼합했다.

겉으로 보기에 GPT-3의 기술은 단순하다. 사람들의 요청과 질문 그리고 프롬프트(Prompt, 입력 메시지 또는 키워드)를 받아 신속하게 답변한다. 흔히 예상할 수 있듯이 이러한 과정을 수행하는 기술은 생각보다 훨씬 더 복잡하다. 이 모델은 인터넷의 텍스트 데이터베이스를 사용하여 훈련되었다. 이 데이터베이스에는 책, 웹 텍스트, 위키피디아(Wikipedia), 기사, 기타 인터넷상의 다양한 글에서 얻은 무려 570GB의 데이터가 포함되었다. 더 정확히 말하자면 3,000억 단어가 시스템에 입력된 것이다.

언어 모델로서 GPT-3 모델은 확률에 따라 작동하여 문장에서 다음 단어가 무엇이어야 하는지를 추측할 수 있다. 이 기능을 수행할 수 있는 단계에 도달하기 위해 이 모델은 감독 테스트 단계를 거쳤다.

예를 들어 "나무의 목재는 무슨 색일까?"와 같은 입력을 해보자. 시스템을 관리하는 팀은 올바른 결과가 나올 것으로 기대하지만 항상 올바른 결과가 나오는 것은 아니다. 결과가 틀리면 팀은 정답을 시스템에 다시 입력하여 정답을 가르치고 지식을 쌓도록 돕는다.

그런 다음 두 번째 유사한 단계를 거쳐 팀 구성원이 최고에서 최악으로 순위를 매기고 비교하며 모델을 교육하여 여러 답변을 제공한다.

이 기술을 차별화하는 것은 다음 단어가 무엇인지 추측하면서 계속 학습하고 프롬프트와 질문에 대한 이해를 지속적으로 향상시켜 모든 것을 아는 최고의 지식인이 된다는 것이다.

게임 체인저 챗GPT의 도전과 혁신

챗GPT의 도전으로 혼란을 가장 많이 느낄 곳은 어디인가?

검색의 혼란 – 혁신가의 딜레마

챗GPT가 중단 위협을 나타낼 것으로 생각되는 첫 번째 영역은 구글 검색이다. 구글 검색은 자연어 모델이 사용자를 늘리고 검색 질문을 공유하여 인터넷 사용자를 위한 새로운 진입점이 될 수 있다는 개념에 기반한다. 챗GPT 응답은 대화 기능, 필터링 기술 및 데이터 수집 기능을 갖추고 있으므로 구글 검색의 응답을 기본적으로 보이게 할 수 있다.

음성 인식에서 시리(Siri), 아마존(Amazon), 알렉사(Alexa)는 이미 틱톡(TikTok) 및 인스타그램(Instagram)에서 비디오 검색과 같은 다른 검색 과제를 제공했다. 앱 스토어가 등장하면서 앱에 직접 연결하는 것이 구글의 검색 비즈니스에 미치는 영향에 대한 우려가 있었다. 궁극적으로 인기 있는 앱 스토어와 인앱 검색의 진화는 인터넷의 모든 부분에서 정보를 수집할 수 있는 비할 데 없는 능력 때문에 구글에 도움이 되었다. 우리는 검색을 위한 파괴적인 기술의 출현을 인식하고 있지만 대량의 법칙, 주기적 및 개인 정보 보호 관련 위협은 단기적으로 알파벳(Alphabet Inc.)에 더 시급할 수 있다.

위협을 무시하는 것은 아니지만 지나치게 단순한 관점이라고 생각한다. 구글은 약 20년 전 2005년 연례 보고서에서 처음 언급한 인공지능 및 기계 학습(Machine Learning)의 강력한 초기 지지자였다. 알파벳의 가장 최근 투자자 회의에서는 인공지능 기반 검색과 대규모 언어 모델이 인공지능, 유튜브(YouTube), 하드웨어 그리고 클라우드라는 네 가지 주요 투자 이니셔티브 중 가장 중요한 것으로 논의되었다. 알파벳은 2000년에서 2022년 사이에 연구 개발 및 자본 지출에 약 1,770억 달러를 투자하여 인공지능에 막대한 투자를 했으며 직원의 약 절반이 어떤 방식으로든 인공지능 및 기계 학습에 집중했다.

알파벳은 이미 여러 제품을 운영하고 있지만 기존의 고수익 검색 사업을 잠식당하는 혁신가의 딜레마 상태에 있다. 이 회사는 상당한 규제와 도덕적 문제를 제기하지 않고 이러한 제품을 개발하고 적용하는 방법을 고려해야 한다.

이러한 인공지능 모델을 개발할 때 수익 창출 외에도 수많은 고려 사항이 있다.

신뢰와 정확성

람다(LaMDA)는 챗GPT와 유사한 자연어 모델이며 엔지니어 중 한 명이 '센션트(sentient)'라고 불렀다. 대화는 강력하지만 인간의 대화와 언어의 복잡성은 챗GPT의 결과가 정확성, 맥락 및 신뢰 측면에서 부족함을 의미한다. 따라서 구글 검색과 마이크로소프트 빙이 직면한 문제는 답변의 시뮬레이션이 아니라 생성적인 답변이 신뢰할 수 있는 출처 없이 조작된 결과가 되지 않도록 하는 것이다. 인공지능을 검색에 도입하면 부정적인 결과를 초래할 수 있으므로 인공지능에 대한 규제 조사가 강화될 가능성이 높다. 구글 검색은 자동차 연결 방법, 폭탄 제조 방법, 온라인 스토킹 방법과 같이 잠재적으로 유해한 검색을 제한한다. 챗GPT는 현재 질문 유형에 대한 제한이 없으며 정확도나 진실에 대한 필터가 없다. 이는 인간의 모습을 모방할 수 있는 능력을 고려할 때 위험할 수 있다.

규모와 적시성

구글의 일일 사용자 수는 약 40억 명 이상이며 하루에 수십억 건의 검색이 이루어진다. 검색은 정확성이 반복되며 사용자는 가장 정확한 정보를 원한다. 복잡한 질문을 처리할 수는 있지만 챗GPT는 적시성과 답변의 정확성이 뒤떨어진다.

구글은 위치 기반이거나 '최신' 또는 '지금 뉴스'와 같이 시간 제약이 있는 답변을 요구하는 검색어가 급격히 증가하는 것을 목격했다. 빙 및 기타 검색 엔진이 복제할 수 없었던 구글 검색의 장점은 결과를 색인화하고 제공하는 기능뿐 아니라 자동 프로그램을 통해 텍스트, 이미지 및 비디오를 다운로드하는 크롤링 기능이다. 웹 페이지에 대한 중앙 레지스트리가 없다. 최신 정보는 검색 및 업데이트가 핵심이다. 매장 개장 및 마감 시간, 웹 전반의 뉴스, 데이터는 정확하고 시기적절한 응답을 생성하는 데 필수적이다. 소비자 활동의 양과 일관성은 효용이 구글에서 파생되는 방식을 말하므로 상당한 차별화와 변화를 주도하는 것이 어려울 것이다.

비용

구글이 페이지 색인을 생성하는 방식과 대규모 언어 모델이 데이터를 수집하는 방식에는 근본적인 차이가 있다. 구글 규모의 인덱싱은 챗GPT에 엄청난 비용이 든다. 현재 비용은 평균적으로 질문당 약 0.02달러로 추정된다. 비용은 챗GPT 질문당 생성되는 단어와 알고리즘의 크기에 따라 크게 달라진다. 챗GPT의 질문당 비용은 구글 검색보다 약 7배 더 높기 때문에 컴퓨팅 성능에 대한 상당한 지출 없이 상업적 수익 창출이 더욱 어려워질 것이다.

컴퓨팅 파워, 클라우드, 반도체에 미치는 영향

GPT-2는 2019년 말에 15억 개의 매개변수로 출시되었지만 챗GPT-3는 1,750억 개의 매개변수로 훈련되었다. GPT-4는 이를 수조 단위로 처리할 것으로 예상된다. 마이크로소프트는 인공지능 교육을 위한 컴퓨팅 요구 사항은 3.5개월마다 두 배로 증가한다. 그 결과 그래픽 처리 장치(GPU) 설계업체이자 제조업체인 NVIDIA는 전용 변압기 소프트웨어 엔진으로 최신 호퍼 GPU(Hopper GPU) 아키텍처를 설계하여 인공지능 훈련 성능을 9배 또는 동일한 전력에서 3배의 성능을 가능하게 했다.

메가 캡(Mega Cap) 기술 회사는 최근 몇 년 동안 인공지능 투자 계획을 선언했다. 특히 주목할 만한 것은 2023년 자본 지출에 대한 메타(Meta)의 350억 달러 이상의 가이드이며, 인공지능, 기계 학습, 고급 GPU에 대한 추가 투자로 인해 알고리즘에 더 많은 분석 및 컴퓨팅 성능을 제공할 수 있다.

인공지능에 대한 향후 수익 전망이 밝아서 대형 기술 회사들은 더 높은 수익 창출 기회를 얻기 위해 인공지능과 기계 학습 애플리케이션에 대한 투자를 아끼지 않고 있다.

인공지능의 사용 증가는 반도체 거대 기업에 긍정적인 영향을 미치며 필요한 컴퓨팅 성능의 집약도가 자본 지출 측면에서 리소스 풀링(Resource pooling)과 진입 장벽을 필요로 하므로 클라우드 컴퓨팅(Cloud computing)으로의 전환을 가속화할 것이다.

소프트웨어 경쟁 위협

네트워킹 앱인 피시볼 2(Fishbowl 2)의 최근 설문 조사에 따르면 이 메일 초안 작성과 약간의 코드 생성이 챗GPT 및 기타 인공지능 도구 사용자의 일반적인 사용 사례인 것으로 나타났다. 또한 마케팅 및 광고, 기술 및 컨설팅 분야의 응답자 중 30% 이상이 직장에서 이러한 도구를 사용하는 등 다양한 산업 분야에서 사용이 광범위하게 증가한 것으로 나타났다.

챗GPT의 기본 GPT-3 기술은 다음과 같은 여러 영역에 심각한 영향을 미칠 수 있다.

• 코딩 및 소프트웨어 개발

마이크로소프트의 깃허브 코파일럿(GitHub Copilot)과 딥마인드 (DeepMind)의 알파코드(AlphaCode)의 성공은 이 기술이 코딩을 자동화하고 해당 코드의 품질을 개선하는 데 도움이 될 수 있음을 보여준다. 코딩은 비용이 많이 들 수 있으며 기계 학습을 통해 로우코드(Low Code)/노코드(No-Code) 플랫폼으로 시작한 것을 확장할 수 있는 기회가 있다. 올해 새해 첫날 오토파일럿(Autopilot)의 테슬라(Tesla) 창시자인 안드레이 카파시(Andrej Karphathy)는 오늘 작성하는 코드의 80%가 깃허브 코파일럿을 사용하여 수행된다고 트윗했다.

• 데이터 보안의 취약성 감지

오픈AI는 코드 샘플에서 일부 데이터 보안 취약성을 감지할 수 있음을 보여주었다.

• 교육, 에세이 작성 능력, 수학 문제 및 튜터링 가능 여부

챗GPT는 단시간에 책과 에세이를 작성하는 능력으로 인해 학계의 우려를 불러일으켰고 최근에는 와튼(Wharton) MBA 시험에 합격하기도 했다. 체그(Chegg)와 같은 회사는 복잡한 학생 질문에 답할 수 있도록 경쟁적인 구문을 구축했으며 챗GPT는 여전히 동일한 수준의 응답을 충족하는 데 뒤쳐져 있지만 생성 인공지능은 빠르게 개선되고 있다.

• 의약품 및 백신 개발

정의된 지식 기반에 대한 패턴 매칭은 사용 사례 및 기회가 증가하고 있다. 그러나 많은 과학자들은 연구자들이 구별하기 매우 어려울 수 있는 설득력 있는 가짜 연구를 인공지능이 작성할 수 있다고 우려하고 있다.

• 고객 서비스 및 판매 기능

가상 에이전트 모델을 확장할 기회가 있다. 챗GPT는 기업에서 직원이 주요 정보에 액세스할 수 있도록 하는 데 사용된다. 예를 들어 10년 만기 국채에 대한 야누스 헨더슨(Janus Henderson)의 최근 견해는 무엇일까? 야누스 헨더슨의 출산 휴가 정책은 무엇일까? 답변은 검색의 동일한 정확성 및 적시성 문제에 직면할 수 있지만 장기적으로는 세일즈포스(Salesforce), 허브스팟(HubSpot)과 같은 회사에 경쟁적인 역풍을 일으킬 수 있다.

- **콘텐츠 제작**

최근 인공지능 개발의 잘 알려지지 않은 의미는 콘텐츠 제작자와 소프트웨어 개발자에게 미치는 영향이다. 알파벳의 딥마인드 자회사는 작가가 연극 및 영화 대본(제목, 캐릭터, 위치 설명 및 대화로 완성)을 공동으로 작성할 수 있는 대본 작성 소프트웨어인 드라마트론(Dramatron)의 출시를 발표했다. 한편, 오픈AI의 DALL−E 2는 자연어로 된 설명에서 사실적인 이미지와 예술을 만들 수 있다. 예를 들어 단 2분 만에 몸집이 풍만한 모나리자의 이미지를 생성할 수 있었다.

- **시뮬레이션**

완전한 인공지능 생성 팟캐스트 시리즈인 Podcast.ai는 믿음, 기술 회사 및 마약에 대해 언급하는 조 로간(Joe Rogan)과 고 스티브 잡스(Steve Jobs) 간의 20분 인터뷰를 발표했다. 인공지능은 크리에이터를 위한 도구를 효과적으로 제공하여 딥 코딩 지식 없이도 창작할 수 있는 기능을 제공할 수 있다. 검색과 마찬가지로 현실과 시뮬레이션 사이의 경계가 흐려지고 제작자에 대한 신뢰와 조정이 더욱 중요해질 것이다. 이는 메타버스의 디지털 세계에서 생성된 새로운 콘텐츠를 보는 방식과 관련이 있다.

아마존 웹 서비스(Amazon Web Services), 마이크로소프트 애저(Azure), 구글 클라우드 플랫폼(Cloud Platform) 및 메타와 같은 하이퍼스케일러(Hyperscale)가 자체 애플리케이션을 위한 인공지능 프로세스 롤아웃을 가속화할 수 있는 중요한 기회가 있으며 장기적으로 이는 애플리케이션 소프트웨어 제공업체에게 경쟁적인 과제를 안겨줄 것이다. 이것이 마이크로소프트 및 아마존과 같은 거대 기술 기업이 오픈AI에 투자하여 잠재적 가치를 최대 290억 달러로 끌어올리는 주요 이유일 것이다.

• 혁명이 아닌 진화

메타버스와 마찬가지로 인공지능의 시대는 단순한 혁명이 아니라 오랫동안 진행되어 온 진화이다. 이러한 진화에는 핵심 기술에 대한 지속적인 수렴이 필요하다. 예를 들어 더 큰 컴퓨팅 성능을 가능하게 하는 차세대 인프라 간의 상호 작용으로 인공지능 및 메타버스 개발을 촉진하고 더 많은 컴퓨팅 성능이 필요하다.

따라서 인공지능/챗GPT가 제공하는 기회, 메타버스의 많은 수혜자 및 인공지능으로의 광범위한 전환에 계속해서 흥분하고 있지만, 광범위하게 활용될 때까지 극복해야 할 주기적인 압력과 규제 장애물도 인식하고 있다.

챗GPT의 성공과 실패

GPT-3 소프트웨어는 분명히 인상적이지만 그것이 완벽하다는 의미는 아니다. 챗GPT 기능을 통해 몇 가지 단점을 확인할 수 있다.

가장 분명한 것은 소프트웨어가 2021년 이후 세계에 대한 제한된 지식을 가지고 있다는 것이다. 2021년 이후 권력을 잡은 세계 지도자를 인식하지 못하며 최근 사건에 대한 질문에 답할 수 없다.

이 정보에 대해 챗GPT 모델을 교육하는 것과 함께 세계적 사건이 발생하는 대로 따라잡는 불가능한 작업을 고려하면 이것은 분명히 놀라운 일이 아니다. 마찬가지로 이 모델이 잘못된 정보를 생성하여 잘못된 답변을 얻거나 질문하려는 내용을 오해할 수 있다.

정말 틈새 시장에 들어가거나 프롬프트에 너무 많은 요소를 추가하면 압도당하거나 프롬프트의 일부를 완전히 무시할 수 있다. 예를 들어 직업, 이름, 나이, 사는 곳을 나열하는 두 사람에 대한 이야기를 쓰라고 요청하면 챗GPT가 이러한 요소를 혼동하여 두 캐릭터에 무작위로 할당할 수 있다.

그러나 챗GPT가 실제로 성공한 요인은 많다. 인공지능은 윤리와 도덕에 대해 놀라울 정도로 잘 이해하고 있다. 윤리적 이론이나 상황 목록이 제공되면 챗GPT는 합법성, 사람들의 감정, 관련된 모든 사람의 안전을 고려하여 해야 할 일에 대한 사려 깊은 답변을 제공할 수 있다. 또한 기존 대화를 추적하고 설정한 규칙이나 이전 대화에서 제공한 정보를 기억할 수 있는 기능이 있다.

이 모델이 가장 강력한 것으로 입증된 두 가지 영역은 코드에 대한 이해와 복잡한 문제를 압축하는 능력이다. 챗GPT는 전체 웹사이트 레이아웃을 만들거나 몇 초 안에 특정 물질에 대한 이해하기 쉬운 설명을 작성할 수 있다.

생성 AI 시장은
얼마나 커지는가?

> 마켓앤마켓(MarketsandMarkets)은 2021년에서 2026년 사이에 인공
> 지능 시장이 연평균 성장률 40.2%로 성장해 2026년에는 997억 달러의
> 규모에 이를 것으로 예측했다.

수년간의 연구 끝에 이제 인공지능이 티핑 포인트(Tipping point)에 도달하여 수많은 사람들이 폭발적으로 사용되는 순간이 왔다. 인공지능은 에세이 작성 시간을 절약하는 학생부터 세계 최대 기술 회사의 리더에 이르기까지 모든 사람의 상상력을 사로잡는 것으로 보인다. 인공지능 도구가 잠금 해제할 수 있는 가능성에 대한 기대감이 높아지고 있지만 이러한 도구가 정확히 무엇을 할 수 있고 어떻게 작동하는지에 대해서는 아직 널리 이해되지 않았다.

챗GPT와 같은 고급 도구가 얼마나 발전했는지를 고려할 때 생성

인공지능이 스스로에 대해 무엇을 말해야 하는지 고찰할 필요가 있다.

일러스트와 아이콘부터 텍스트 설명까지 위의 인포그래픽(Infographic)에 있는 모든 것은 미드저니(Midjourney)와 같은 생성 인공지능 도구를 사용하여 생성되었다.

생성 인공지능은 학습된 데이터를 기반으로 새로운 출력을 생성하는 인공지능 알고리즘 범주를 나타낸다. 패턴을 인식하고 예측하도록 설계된 기존 인공지능 시스템과 달리 생성 인공지능은 이미지, 텍스트, 오디오 등의 형태로 새로운 콘텐츠를 생성한다.

생성 인공지능은 GAN(Generative Adversarial Networks, 생성 적대 신경망)이라는 심층학습 유형을 사용하여 새로운 콘텐츠를 생성한다. GAN은 두 개의 신경망, 즉 새로운 데이터를 생성하는 생성자와 데이터를 평가하는 판별자로 구성된다. 생성자와 판별자는 함께 작동하며 생성자는 실제 데이터와 구별할 수 없는 콘텐츠를 생성할 때까지 판별자로부터 받은 피드백을 기반으로 출력 결과를 개선한다.

생성 인공지능은 다음과 같은 광범위한 애플리케이션을 보유하고 있다.

- 이미지: 생성 인공지능은 사람의 얼굴을 기반으로 새로운 초상화를 생성하거나 기존 풍경을 기반으로 새로운 풍경을 생성하는 등 기존 이미지를 기반으로 새로운 이미지를 생성할 수 있다.
- 텍스트: 생성 인공지능을 사용하여 뉴스 기사, 시, 스크립트까지

작성할 수 있다. 한 언어에서 다른 언어로 텍스트를 번역하는 데에도 사용할 수 있다.

- 오디오: 생성 인공지능은 새로운 음악 트랙, 음향 효과, 음성 연기까지 생성할 수 있다.

사람들은 기계가 이전에 인간이 했던 작업을 수행할 수 있게 됨에 따라 생성 인공지능 및 자동화가 인간의 실직과 실업을 초래할 것이라고 우려한다. 그들은 인공지능의 사용 증가로 인해 특히 제조, 고객 서비스, 데이터 입력과 같은 산업에서 고용 시장이 축소될 것이라고 우려한다.

생성 인공지능은 다음과 같이 여러 산업을 파괴할 수 있는 잠재력을 가지고 있다.

- 광고: 기존 광고를 기반으로 새로운 광고를 생성할 수 있으므로 기업이 새로운 청중에게 더 쉽게 도달할 수 있다.
- 예술 및 디자인: 예술가와 디자이너가 새로운 아이디어와 개념을 생성하여 새로운 작품을 만들 수 있도록 지원한다.
- 엔터테인먼트: 새로운 비디오 게임, 영화 및 TV 프로그램을 제작할 수 있으므로 콘텐츠 제작자가 새로운 청중에게 더 쉽게 도달할 수 있다.

전반적으로 인공지능이 고용 시장에 미치는 영향에 대한 타당한 우려가 있지만 노동자와 경제에 긍정적인 영향을 미칠 수 있는 잠재적인 이점도 많이 있다.

단기적으로 생성 인공지능 도구는 고용 시장에도 긍정적인 영향을 미칠 수 있다. 예를 들어 인공지능은 반복적이고 시간 소모적인 작업을 자동화할 수 있고, 많은 양의 데이터를 처리하고 분석하여 인간이 보다 빠르고 정보에 입각한 결정을 내릴 수 있도록 도와준다. 인공지능 도구는 인간이 보다 창의적이고 부가가치가 높은 작업에 집중할 수 있는 시간을 확보할 수 있다.

생성 인공지능은 여러 산업에 혁명을 일으킬 수 있는 강력한 도구이다. 기존 데이터를 기반으로 새로운 콘텐츠를 생성하는 능력을 갖춘 생성 인공지능은 미래에 콘텐츠를 생성하고 소비하는 방식을 바꿀 수 있는 잠재력을 가지고 있다.

인공지능 생성 기술의 시장 규모를 정확하게 예측하는 것은 어렵지만, 다양한 산업과 적용 분야에서의 성장과 기술 발전에 따라 이 시장은 계속해서 확장되고 있다고 볼 수 있다.

인공지능과 기계 학습은 많은 산업에서 혁신적인 변화를 가져왔으며, 특히 생성 인공지능과 관련된 기술은 급속한 발전을 이루고 있다. 생성 인공지능은 자연어 처리, 컴퓨터 비전, 음성 합성, 예측 분석 등 여러 분야에서 다양한 적용을 보이고 있다.

인공지능 시장의 전반적인 성장과 관련하여, 다양한 연구 기관과 시장조사 업체들이 다각도의 예측을 내놓고 있다. 예를 들어 마켓앤마켓(MarketsandMarkets)은 2021년에서 2026년 사이에 인공지능 시장이 연평균 성장률 40.2%로 성장해 2026년에는 997억 달러의 규모에 이를 것으로 예측했다.

생성 인공지능에 대한 구체적인 시장 규모 예측을 찾아보기는 어렵지만 이 시장이 계속해서 확장되고 있음은 분명하다. 또한 그 발전이 향후 몇 년 동안 다양한 산업과 기술에 큰 영향을 미칠 것으로 전망되고 있다. 이러한 기술의 발전으로 인해 개인과 기업, 연구 기관들은 기존의 업무 프로세스를 비롯하여 제품과 서비스를 혁신하며 새로운 비즈니스 모델과 시장 기회를 창출할 것으로 기대된다.

2021년 기준으로 인공지능과 생성 인공지능 시장은 전 세계적으로 급속한 성장을 보이고 있다. 이러한 추세가 계속된다면 2023년 현재의 생성 인공지능 시장은 더욱 커졌을 것이라 추정할 수 있다.

생성 인공지능의 발전은 다양한 산업 분야에 걸쳐 효율성 향상, 비용 절감, 혁신적인 솔루션 개발에 도움이 되고 있다. 콘텐츠 작성, 자동화된 시스템, 고객 서비스, 영상 생성, 음성 생성 그리고 기계 학습 분야 등에서 널리 활용되고 있다. 생성 인공지능 시장은 꾸준한 성장이 예상되고, 전문가들은 앞으로 몇 년 동안 수십 억 달러 이상의 규모로 성장할 것으로 예측한다.

인공지능과 기계 학습 분야의 발전에 따라 생성 인공지능 시장도 지속적으로 변화하고 있다. 생성 인공지능은 자연어 처리, 컴퓨터 비전, 음악, 디자인 등 다양한 분야에서 활용된다. 이러한 변화로 인해 시장에 큰 영향을 미치고 있으며, 그러한 주요 시장 변화는 다음과 같다.

- **기술 발전**: 생성 인공지능의 알고리즘과 기술이 발전하면서, 더욱 정교하고 복잡한 결과물을 생성할 수 있게 되었다. 특히, GPT-3, GPT-4와 같은 대형 언어 모델이 등장하면서 더욱 자연스러운 텍스트 생성이 가능해졌다.

- **다양한 적용 분야**: 생성 인공지능은 광고, 기사 작성, 영화 및 게임 산업, 디자인, 음악, 챗봇 등 다양한 분야에서 활용되고 있다. 이러한 확장은 시장 규모를 키우고, 더 많은 산업 분야가 생성 인공지능을 채택하게 된다.

- **개인화 서비스**: 생성 인공지능을 활용한 개인화 서비스가 강화되고 있다. 이러한 서비스는 소비자의 취향, 행동 패턴, 기호 등을 분석하여 개인에게 맞춤형 추천을 제공하는 것이다.

- **저작권과 윤리적 고려**: 생성 인공지능을 통한 콘텐츠 생성에 대한 저작권 및 윤리적 고려가 높아지고 있다. 특히, 인공지능이 생성한 콘텐츠의 원작자로 인정될 것인지, 그리고 인공지능으로 인해 사람들의 일자리가 줄어들 것인지와 같은 논란이 지속적으로 제기되고 있다.

- **규제 및 정책 변화**: 생성 인공지능의 급격한 발전과 확산에 따라 국가 및 국제 기관들이 이러한 기술에 대한 규제와 정책을 마련하려는 움직임이 늘어나고 있다. 이러한 규제는 기술의 남용을 막고, 사회적 영향을 최소화하기 위한 것이다.

- **경쟁 환경 변화**: 생성 인공지능 기술을 개발하는 스타트업과 기업들이 늘어나고 있다.

초거대 AI 전쟁:
GPT-4, Alpaca 7B, PaLM-E,
Med-PaLM 2, 코파일럿

2023년 3월 중순 한 주간 현재 우리가 보고 있는 것보다 인공지능에서 더 많은 진전이 목격된 경우는 거의 없다. 이것은 분명 가까운 미래에 무엇을 가져올지에 대한 많은 과대 광고와 추측이 있는 이 분야에 예외적인 시간 이다.

　　구글의 PaLM-E가 최근에 출시된 후 수많은 다른 개발과 함께 일부 미래학자들은 소위 인공일반지능(AGI) 또는 적어도 원시 인공일반지능이 임박했을 수 있다고 생각한다. 그러한 이정표는 기계가 이제 인지 능력과 신체 능력 모두에서 인간을 빠르게 따라잡고 있다는 명확하고 심오한 신호가 될 것이다. 이러한 주장이 과장되었는지 여부는 여전히 남아 있다. 그러나 가장 열렬한 회의론자조차도 최근 기술 혁신의 돌풍이 이전의 예상을 뛰어넘었다는 점을 확실히 인정해야 하는 순간이 왔다.

GPT-4

2023년 3월, 오픈AI는 GPT-4의 출시를 발표했다. GPT-4는 오픈 AI 플레이그라운드(OpenAI Playground)에서 GPT 언어 모델군에 추가된 최신 버전이다. 이 최신 버전은 2022년 11월에 출시된 챗GPT와 2020년 초기 GPT-3에 이은 것이다. 이전 제품에 비해 크게 개선된 GPT-4는 이제 텍스트와 이미지 입력을 모두 받아들일 수 있다. 오픈 AI는 업데이트된 기술이 응시자의 상위 10% 점수로 모의 로스쿨 변호사 시험을 통과할 수 있다고 보고한다. (반면 GPT-3.5는 하위 10%로 시험에 떨어졌다.) GPT-4는 최대 25,000단어(GPT-3의 경우 단 1,500단어, GPT-3.5의 경우 3,000단어)나 50페이지 문서에 해당하는 텍스트를 읽고 분석하거나 생성할 수 있다. 그리고 모든 주요 프로그래밍 언어로 코드를 작성한다.

오픈AI에 따르면 GPT-4가 GPT-3.5보다 더 안정적이고 창의적이며 훨씬 더 미묘한 지침을 처리할 수 있다. 시각적 정보로 작업한다는 것은 특이한 이미지로 유머를 설명하거나 스크린샷 텍스트를 요약하거나 다이어그램이 포함된 시험 문제에 답할 수 있음을 의미한다.

특히 인상적인 한 예로, 오픈AI의 사장 겸 공동 설립자인 그렉 브록만(Greg Brockman)은 휴대전화로 목업(Mock up) 스케치를 촬영한 다음 GPT-4의 알고리즘을 통과시켜 보았다. 그러자 단 몇 초 만에 브록만의 손으로 쓴 텍스트를 해석하고 완벽하게 작동하는 웹 사이트에 필요한 모든 HTML 코드와 자바스크립트(JavaScript)가 생성되었다.

GPT-4는 일반 기계 학습 벤치마크에서 채팅 GPT-3보다 최대 16% 성능이 우수하고 다국어 작업에서 훨씬 뛰어나므로 비영어권 사용자가 더 쉽게 액세스할 수 있다. 이전 버전의 많은 안전 및 보안 문제도 해결되었다.

오픈AI는 GPT-4의 동작을 개선하기 위해 챗GPT 사용자가 제출한 피드백을 포함하여 더 많은 사람의 피드백을 통합했으며, 인공지능 안전 및 보안을 포함한 영역에서 초기 피드백을 위해 50명 이상의 전문가와 협력했다고 밝혔다. 오픈AI는 6개월 동안 GPT-4를 더 안전하고 정렬되도록 만들었다. GPT-4는 내부 평가에서 GPT-3.5보다 허용되지 않는 콘텐츠에 대한 요청에 응답할 가능성이 82% 적고 사실적 응답을 생성할 가능성이 40% 더 높다는 것이 오픈AI 자체의 평가이다.

그러나 오픈AI는 기술적 세부 사항과 관련하여 폐쇄적 접근 방식을 유지한다는 비판을 받아왔다. 예를 들어 매개변수 수와 하드웨어 사양은 현재로서는 미스터리로 남아 있다. 인공지능 커뮤니티 허깅 페이스(Hugging Face)의 연구 과학자인 사샤 루치오니(Sasha Luccioni)는 이 모델이 다른 사람들이 GPT-4의 개선 사항을 기반으로 구축하는 것을 방지하는 폐쇄적 특성으로 인해 과학계의 '막다른 길'이라고 주장한다. 허깅 페이스의 공동 창립자 토머스 울프(Thomas Wolf)는 GPT-4를 통해 오픈AI는 제품에 대한 보도 자료와 유사한 과학적 커뮤니케이션을 갖춘 완전히 폐쇄된 회사가 되었다고 말하며, 이러한 구도는 경쟁 환경과 대규모 모델의 안전성 영향이 이 결정에 영향을 미친 요인이라고 설명했다.

GPT-4는 ChatGPT Plus(챗GPT 플러스)를 통해 제한된 형식으로 공개적으로 사용할 수 있으며 구독료는 월 20달러이다. 오픈AI는 이 서비스를 API 대기자 명단을 통해 선별된 지원자 그룹에게도 제공하고 있다.

언어 학습을 위한 온라인 서비스인 듀오링고(Duolingo)도 GPT-4를 애플리케이션에 통합했지만 현재는 프랑스어나 스페인어를 공부하는 영어 사용자에게만 작동한다.

GPT 모델에 대한 응용프로그램은 무궁무진하며 특정 데이터에 대해 미세 조정하여 더 나은 결과를 생성할 수도 있다. 변환기를 사용하면 컴퓨팅, 시간 및 기타 리소스에 대한 비용을 절약할 수 있다.

파이썬(Python) 기술 트랙에서 심층학습을 수강하여 심층학습 모델을 구축하는 방법을 배울 수 있다. 심층학습의 기초를 탐구하고 텐서플로(Tensorflow)와 케라스(Keras) 프레임워크를 소개하며 케라스를 사용하여 여러 입력 및 출력 모델을 구축한다.

챗GPT-4는 현재 선도적인 자연어 처리 모델인 GPT-3 텍스트 생성기의 가상적인 후속 모델이다. 이는 GPT-3와 동일한 아키텍처를 기반으로 구축될 것이며, 인간과 유사한 언어 응답을 생성하기 위해 광범위한 텍스트 데이터에 대해 사전 훈련된 대규모 신경망을 활용할 것이다. GPT-4는 언어 이해, 추론 및 창의성에 있어 이전 제품보다 더 큰 기능을 갖추고 챗봇, 기계 번역, 콘텐츠 작성 도구와 같은 고급 언어 기반 애플리케이션에 적합할 것으로 예상된다. 그러나 GPT-4

는 인간이 할 수 있는 모든 지적 작업을 수행할 수 있는 인공지능 시스템을 가리키는 인공일반지능의 예로 간주되지 않는다.

인공지능 연구원 피에트로 쉬라노(Pietro Schirano)는 인공일반지능으로 간주되든 아니든 GPT-4의 변형 가능성에 대해 트위터를 통해 밝혔다. 그는 챗GPT-4를 사용하여 60초 이내에 퐁(Pong)의 게임을 재현함으로써 이를 입증하였다. 또한 챗GPT-4가 게임 개발 등 자연어 처리 이상의 용도로 사용될 수 있음을 시사하였다. 이 트위터에서는 GPT-4의 잠재적인 영향과 다양한 작업에 대한 접근 방식을 변경할 수 있는 GPT-4의 능력을 강조하고 있다.

점점 더 복잡한 언어 모델이 만들어지면서 자연어 처리 분야는 최근 몇 년 동안 큰 성장을 보이고 있다. 그러한 예로는 챗GPT 시리즈는 다양한 프롬프트에 대해 일관성 있고 자연스러운 언어 응답을 생성할 수 있기 때문에 매우 인기가 있다. 챗GPT-4는 오픈AI의 최신 버전으로, 챗GPT-3.5보다 몇 가지 대폭 개선된 기능을 제공한다.

챗GPT-4의 가장 주목할 만한 기능 중 하나는 용량 증가이다. 챗GPT-3.5는 1,750억 개의 매개변수를 가지고 있는 반면 챗GPT-4는 매개변수가 조 단위로 추정된다. 이러한 용량 증가를 통해 챗GPT-4는 더 다양한 프롬프트에 훨씬 더 정교하고 미묘한 응답을 생성할 수 있다. 이는 훨씬 더 강력한 자연 언어 처리 도구임을 증명한다.

챗GPT-3.5도 즉각적인 상황에 대한 적절한 응답을 제공하는 데 매우 능숙했지만 챗GPT-4는 이 기술을 완전히 새로운 수준으로 끌어

올렸다. 이제 사용자의 이전 상호 작용, 더 넓은 대화 주제, 현재 이벤트나 사용자의 위치와 같은 외부 요인 등 훨씬 광범위한 맥락 정보를 통합할 수 있다. 이 강화된 맥락 이해에 의해 챗GPT-4는 보다 관련성이 높고 매력적이며 개인화된 응답을 생성할 수 있다.

GPT-4는 '다중 모달'로서 영상 및 텍스트 신호로부터 콘텐츠를 생성할 수 있다. 텍스트 프롬프트만 받는 GPT-3.5와 달리 최신 버전의 언어 모델은 사진 속의 사물을 인식하고 평가하기 위한 입력으로 사진을 사용할 수 있다.

챗GPT-4는 이전 모델에 비해 효율성이 향상되었다. 챗GPT-3.5는 이미 매우 효율적인 모델이었지만 챗GPT-4는 더욱 빠르고 리소스 효율적이다. 이는 보다 효율적인 메모리 사용률, 보다 빠른 데이터 처리, 향상된 병렬 처리 기능 등 몇 가지 기술적 개선을 통해 달성된다. 이러한 개선으로 챗GPT-4는 보다 실용적이고 다양한 자연어 처리 애플리케이션을 위한 접근하기 쉬운 도구가 되었다.

요약하면 챗GPT-4는 챗GPT-3.5와 비교하여 용량 증가, 맥락 이해 향상, 효율성 향상 등 몇 가지 중요한 업그레이드를 제공한다. 이러한 개선으로 챗GPT-4는 다양한 자연어 처리 태스크에 더욱 강력하고 다용도 있는 도구가 되었다.

GPT-4에 접속하는 방법

오픈AI는 매월 20달러의 요금을 지불하고 GPT-4 모델을 자사 서브스크립션 기반 서비스 전용으로 사용할 수 있도록 했다. 이 접근 방식은 무료 챗GPT 버전 이외의 다른 것에 의존하는 사용자에게 더 유용할 수 있다. 유료 요금제 가입자는 계정의 GPT 모델을 기본 GPT-3.5와 기존 모델에서 GPT-4로 온 디맨드(On demand)로 업그레이드할 수 있다. 사용자는 유료 요금제가 제공하는 업그레이드를 통해 GPT-4를 활용하면서 최신 인공지능의 위력을 실감할 수 있을 것이다.

참고로 GPT-3 텍스트 생성기는 현재 구독 기반 서비스를 통해 모델에 액세스할 수 있다. 개발자와 사업자는 API를 이용하여 GPT-3의 파워를 활용하는 어플리케이션을 구축하고 전개할 수 있다. GPT-3에 접속하기 위해서는 오픈AI 웹 사이트에 계정을 만들고 API 접속을 신청해야 한다.

GPT-4의 무료 대체품

무료 챗봇 개발 툴을 찾고 있는 고객에게는 다음의 몇 가지 대안이 있다.

- 빙챗(Bing Chat): 마이크로소프트 봇 프레임워크(마이크로소프트 Bot Framework)의 일부인 빙챗이다. 빙챗은 개발자들에게 자연스러운 언어 처리와 기계 학습을 사용하여 챗봇을 만들 수 있는 플랫폼을 제공한다.
- 라사(Rasa): 개발자가 대화형 인공지능 어시스턴트를 만들 수 있는 오픈 소스 프레임워크이다. 라사는 기계 학습을 사용하여 사용자

의 입력을 이해하고 해석함으로써 개발자가 복잡한 챗봇을 신속하게 구축할 수 있게 한다.

- 레플리카(Replika): 모두에게 소셜 가상 어시스턴트를 제공하기 위해 고안된 인공지능이다. 개인 인공지능 친구라고 생각하면 된다. 다른 챗봇과 마찬가지로 개인 맞춤형 가상 챗봇을 사용할 수 있다.

- 재스퍼 챗(Jasper Chat): 일상적인 언어를 사용하여 원하는 것을 물어볼 수 있고, 뛰어난 생성 인공지능을 가지고 있다. 재스퍼 챗은 사용자의 질문과 프롬프트 분석하여 사용자에게 정확도가 높은 정보를 제공하고 사용자에게 사실적인 대화 감각을 제공하는 것을 목표로 한다.

- 기타 대안: 다이얼로그플로(Dialogflow), 아마존 렉스(Amazon Lex) 및 IBM 왓슨 어시스턴트(IBM Watson Assistant)가 있다. 이러한 도구를 통해 개발자는 다양한 복잡성과 고객 맞춤형 기능을 갖춘 총명한 챗봇을 개발할 수 있다.

빙(Bing)과 같은 검색 엔진은 웹을 지속적으로 크롤링하고 인덱싱하여 최신 정보를 제공할 수 있다. 반면 챗GPT와 같은 인공지능 언어 모델은 특정 시점까지의 데이터로 학습되며 학습 이후의 정보에 대해서는 인지할 수 없다. 이는 챗GPT의 한계 중 하나이다. 챗GPT는 다양한 주제에 대해 답변을 생성하고 문제를 해결하는 데 유용하지만, 실시간 또는 최신 정보를 제공하는 것은 불가능하다. 이러한 경우 사용자는 검색 엔진과 같은 다른 정보 소스를 활용하여 원하는 정보를 얻어야 한다.

챗GPT와 빙은 서로 다른 목적과 기능을 가진 도구라고 할 수 있다. 챗GPT는 인공지능 언어 모델로서, 사용자와 대화를 나누고 복잡한 질문에 답변하는 데 중점을 두고 있다. 이는 문제 해결, 문서 작성 지원, 아이디어 제공 등 다양한 상황에서 유용할 수 있다. 반면 빙과 같은 검색 엔진은 웹에서 최신 정보를 찾아 제공하는 데 특화되어 있다. 빙과 같은 검색 엔진은 실시간 또는 최신 정보를 제공하는데 매우 효과적이다. 이러한 검색 엔진은 인터넷상의 다양한 뉴스, 정보, 보고서 등의 정보 자원을 자동화된 방법으로 수집하고 분류하고 저장하고 목록으로 만들어 사용자에게 즉시 액세스할 수 있는 형태로 제공하기 때문이다. 이러한 이유로 많은 사람들이 빙을 더 좋은 정보 소스로 평가할 수 있다.

요약하자면 챗GPT는 자연어 처리와 생성을 통해 대화 및 문제 해결에 도움을 주고 빙과 같은 검색 엔진은 최신 정보를 찾는 데 탁월하다.

그러므로 사용자는 각 도구의 장점과 단점을 이해하고 상황에 따라 적절한 도구를 선택하여 사용하는 것이 중요하다. 두 도구를 서로 경쟁하는 것이 아니라 상호 보완적인 기능을 가진 도구로 생각하며 활용해야 한다.

구글의 PaLM-E

구글의 인공지능 연구 팀은 5,620억 개의 매개변수를 가진 구현된 다중 모드 언어 모델인 PaLM-E를 공개했다.

구글과 베를린 공과대학교(Berlin Technical University) 팀은 초기 인공일반지능이나 원형 인공일반지능으로 간주될 수 있는 것을 공개했다. 이것은 주변 세계를 감지하고 탐색할 수 있는 모바일 로봇 내에서 다중 모드 시각 언어 모델(VLM)을 결합한다.

PaLM-E라고 불리는 시스템은 지금까지 개발된 시각 언어 모델 중 가장 큰 시각 언어 모델로, 5,620억 개의 매개변수(GPT-3의 3배 이상)를 담고 있다. 개체 및 색상과 같은 실제 데이터의 연속 스트림을 수집하여 해당 정보를 강력한 언어 모델에 제공해 단어와 시각적 장면 사이의 연결 고리를 설정한다.

이를 통해 PaLM-E는 과거 경험에서 배우고 재교육 없이 새로운 작업을 수행할 수 있다.

한 데모 비디오에서 PaLM-E는 로봇 카메라의 시각적 피드백을 통합할 뿐만 아니라 여러 계획 단계를 포함하는 "서랍에서 쌀 칩(Rice chips) 가져와"라는 명령에 응답한다.

쌀 칩을 잡고 가방의 위치를 변경하는 인간 연구원에 의해 방해를 받아도 이 작업을 계속 수행한다. 또 다른 시험에서 동일한 로봇이 이전에 본 적이 없는 개체인 "초록 별을 가져와"라는 명령을 완료한다.

학습의 추가 예는 연구원에 의해 제시된다. 어떤 경우에는 "빨간색 블록을 커피 잔에 밀어 넣으십시오"라는 지시가 있다. 데이터 세트에는 커피 컵이 포함된 시연이 3개만 포함되어 있으며 빨간색 블록은 포함되지 않는다. 또 다른 일반화 작업에서 로봇은 이전에 거북이를 본 적이 없더라도 녹색 블록을 거북이에게 밀 수 있다.

PaLM-E는 이전 작업에서 배운 지식과 기술을 새로운 작업으로 이전할 수 있음을 의미하는 '긍정적인 이전'을 보여주는 작업 로봇 모델이다. 이러한 내용은 해당 팀의 문서에서 보다 자세한 분석되어 있으며 이 모델은 단일 작업보다 더 높은 성능을 이끌어낸다.

PaLM-E는 로봇 작업에 대한 교육을 받은 것 외에도 OK-VQA에서 최첨단 성능을 갖춘 전반적인 시각적 언어 모델이며 규모가 증가함에 따라 일반 언어 기능을 유지한다. 언어 모델 크기를 늘리면 구현된 에이전트가 되는 동안 치명적인 망각이 훨씬 줄어든다. 이 모델은 단일 이미지 프롬프트에 대한 교육만 이루어졌지만 다중 사고 추론 추론과 같은 새로운 기능과 여러 이미지에 대해 추론하는 능력을 보여주고 있다.

구글에 따르면 연구의 다음 단계에는 홈 자동화 및 산업용 로봇 공학과 같은 설정을 위한 응용 프로그램 시험이 포함될 것이라고 한다. 해당 팀은 그들의 작업이 다중 모달(Multi modal) 추론과 구체화된 인공지능에 대한 더 많은 연구에 영감을 주기를 희망하고 있다.

구글 Med-PaLM 2

구글은 의료텍스트용 대형 언어 모델(LLM)인 Med-PaLM 2를 출시했다. 이것은 광범위한 건강 관련 주제에 대한 질문에 답하고 자세한 답변을 제공함으로써 가상 의사처럼 기능할 수 있다. 구글은 2022년 4월에 원본 PaLM(Pathways Language Model)을 발표했다. 5,400억 개의 방대한 매개변수(GPT-3 크기의 3배)로 상식 추론, 수학, 농담 설명과 같은 다양한 작업을 수행할 수 있다. 그리고 코드 생성과 번역이 가능하다.

구글과 딥마인드는 의료 데이터를 미세 조정한 Med-PaLM이라는 버전도 개발했다. 이 버전은 이전 모델을 능가하는 성능으로 미국 의료면허문제에서 합격 점수를 얻은 최초의 인공지능이 되었다. 객관식 질문과 열린 질문 모두에 정확하게 답하는 것뿐만 아니라 추론과 자체 응답을 평가할 수 있는 능력도 갖춘 모델이다.

Med-PaLM은 67.2%의 의료 합격 점수를 달성했지만 그 후속 제품은 훨씬 더 능력이 있다. 구글은 Med-PaLM 2가 건강 검진 질문에 대해 전문가 수준에서 일관되게 수행하며 85.4%의 점수로 18% 이상 향상되었다고 보고했다.

프레젠테이션에서 "폐렴의 첫 번째 경고 징후는 무엇입니까?"와 같은 예가 제시되었고, "요실금을 치료할 수 있습니까?"라는 질문에 Med-PaLM 2가 제대로 응답했으며 경우에 따라 인간 임상의보다 더 자세한 응답을 하였다.

그러나 의료 정보의 민감한 특성을 고려할 때 구글은 이 모델을 기반으로 하는 의료용 챗봇이 주류로 사용되기 전에 더 많은 작업이 필요하다고 경고한다. 구글 헬스(Google Health)의 수석연구원인 알란 카르티케살링감(Alan Karthikesalingam) 박사는 의료용 챗봇의 잠재력은 엄청나지만 실제 응용 프로그램을 책임감 있고 윤리적인 방식으로 탐색하는 것이 중요하다고 말한다.

마이크로소프트, 모든 업무 생산성 도구에 초거대 인공지능 결합

Microsoft 365 코파일럿(마이크로소프트 365 Copilot)

마이크로소프트는 인공지능과 Microsoft 365 앱, 그리고 비즈니스 데이터 결합해 이전에 없던 생산성 도구로 탄생한 '비즈니스챗(Business Chat)'을 공개했다.

비즈니스챗은 대형언어모델, Microsoft 365 앱, 사용자 데이터(캘린더, 이메일, 채팅, 문서, 미팅, 연락처 등)가 결합해 이전에는 할 수 없었던 작업을 가능하게 한다. 사용자가 "제품 전략을 어떻게 업데이트했는지 팀에 알려줘"와 같은 자연어 프롬프트를 입력하면, 비즈니스챗은 오전 회의, 이메일, 채팅 히스토리 등 사용자의 앱의 모든 데이터를 기반으로 업데이트 상황을 생성한다.

이 새로운 인공지능 도우미는 워드(Word), 엑셀(Excel), 파워포인트(PowerPoint), 아웃룩(Outlook), 팀즈(Teams), 파워플랫폼(Power platform)과 같은 생산성 프로그램 제품군을 포함하는 Microsoft 365 응용 프로그램 서비스의 새로운 장을 열고 있다고 평가된다.

마이크로소프트는 앞에서 이미 설명한 오픈AI의 GPT-4 모델을 마이크로소프트 그래프(Microsoft Graph)와 결합하여 다양한 작업에서 사용자를 지원한다.

Microsoft 365 코파일럿을 통해 마이크로소프트는 자사의 업무 생산성 도구 전반에 차세대 인공지능 기술을 적용한다. 이는 대형언어모델(LLM)과 비즈니스 데이터, Microsoft 365 앱을 결합해 사용자의 창의성, 생산성, 스킬 향상 등을 돕는다. 코파일럿은 대형언어모델 기반의 정교한 처리 및 조정 엔진이다.

코파일럿은 '클리피(Clippy)'로 알려진 마이크로소프트의 단종된 개인 비서와 비교된다. 코파일은 이전 소프트웨어 도구보다 훨씬 더 많은 기능을 제공하며 시험 사용에서 인상적인 결과를 보여주었다. 깃허브 개발 플랫폼의 데이터에 따르면 사용자의 88%가 더 생산적이며 74%는 더 만족스러운 작업에 집중할 수 있다고 말한다. 그리고 사용자의 77%는 정보나 예제를 검색하는 데 소요되는 시간을 줄이는 데 도움이 된다고 말한다.

마이크로소프트 회장 겸 CEO인 사티아 나델라(Satya Nadella)는 코파일럿을 출시하면서 "오늘 우리가 컴퓨팅과 상호 작용하는 방식의 발전 과정에서 중요한 발걸음을 내딛었으며, 이는 우리가 일하는 방식을 근본적으로 바꾸고 생산성 증대의 새로운 물결을 일으킬 것이다. 오늘 공개한 업무용 코파일럿은 사람들에게 더 많은 자율성을 부여하고 가장 보편적인 인터페이스인 자연어를 통해 우리가 기술에 더 쉽게 접근할 수 있도록 한다."라고 말했다.

코파일럿의 기능 및 사용 방법

Microsoft 365 코파일럿은 사용자가 MS 오피스 응용 프로그램의 일반적인 문제를 쉽고 빠르게 해결할 수 있도록 설계된 새로운 인공지능 기반 도구이다. 코파일럿을 사용하면 문서 서식 지정, 프레젠테이션 만들기, 이메일 관리와 같은 다양한 작업에 대한 개인화된 도움말과 팁에 액세스할 수 있다.

마이크로소프트는 두 가지 방식으로 코파일럿을 자사 생산성 도구에 결합한다. 먼저 워드, 엑셀, 파워포인트, 아웃룩, 팀즈 등 일상적으로 사용되는 Microsoft 365 앱에 코파일럿이 내장된다. 이를 통해 사용자는 워드에서 더 창의적이고 엑셀에서 더 분석적이며 파워포인트에서 더 풍부하게 표현할 수 있고, 아웃룩에서는 생산적이고 팀즈에서 보다 잘 협업할 수 있게 된다. 코파일럿은 매일 사용하는 앱에 완벽하게 통합되어 사용자가 작업 흐름을 유지할 수 있도록 도와주며, 당면한 작업에 더 집중하고 후선 작업에 덜 집중할 수 있도록 한다. 사용자는 코파일럿이 생성한 콘텐츠를 보관할지 수정할지 혹은 완전히 폐기할지를 스스로 결정할 수 있다.

■ 코파일럿 시작하기

코파일럿 사용을 시작하려면 먼저 Microsoft 365 구독이 있어야 한다. 코파일럿은 현재 마이크로소프트 워드, 파워포인트, 아웃룩에서에서 사용할 수 있다. 코파일럿을 사용하려면 이러한 응용 프로그램의 최신 버전이 컴퓨터에 설치되어 있어야 한다.

최신 버전의 워드, 파워포인트, 아웃룩이 설치되면 도구 모음에서 '전구' 아이콘을 클릭하기만 하면 코파일럿을 사용할 수 있다. 그러면 쿼리를 입력할 수 있는 검색 표시줄이 포함된 코파일럿 창이 나타난다.

■ 코파일럿 사용자 지정

코파일럿은 고도로 사용자 정의 가능한 도구이며 필요에 맞게 설정을 조정할 수 있다. 예를 들어 코파일럿 창의 색상을 변경하고 글꼴 크기를 조정하고 특정 유형의 도움말을 켜거나 끌 수 있다. 코파일럿을 사용자 지정하려면 코파일럿 창에서 기어 아이콘을 클릭하면 된다. 이렇게 하면 변경할 수 있는 설정 메뉴가 나타난다.

■ 워드 코파일럿(Copilot in Word)

코파일럿이 사용자를 위해 글을 작성, 편집, 요약, 창작한다. 사용자는 글을 쓰고 편집하는 시간을 절약할 수 있고, 코파일럿이 초안을 수정, 재작성 하도록 하는 등 제어권을 갖고 아이디어를 발전시켜 나갈 수 있다.

워드에서 가장 일반적인 작업 중 하나는 문서 서식을 지정하는 것이다. 코파일럿을 사용하면 메뉴를 검색하거나 키보드 단축키를 기억할 필요 없이 빠르고 쉽게 문서 서식을 지정할 수 있다. 검색 창에 검색어를 입력하기만 하면 코파일럿이 문서 형식 지정 방법에 대한 단계별 지침을 제공한다. 예를 들어 문서에 목차를 만들려는 경우 검색 표시줄에 '목차'를 입력하면 코파일럿에서 만드는 방법에 대한 자세한 지침을 제공한다. 코파일럿은 머리글 및 바닥글 추가, 여백 조정, 페이지 나누기 삽입과 같은 다른 서식 지정 작업에도 도움을 줄 수 있다.

■ 파워포인트 코파일럿(Copilot in PowerPoint)

코파일럿은 간단한 자연어 명령만으로 아이디어를 디자인된 프레젠테이션으로 전환한다. 워드 등 기존의 서면 문서를 제공하면 스피커노트와 소스가 완비된 파워포인트 덱으로도 변환해준다.

파워포인트에서 코파일럿을 사용하면 전문가 수준의 프레젠테이션을 쉽게 만들 수 있다. 애니메이션, 전환 또는 슬라이드 레이아웃을 추가하는 방법을 잘 모르는 경우 검색 표시줄에 쿼리를 입력하면 코파일럿에서 수행 방법에 대한 지침을 제공한다. 또한 코파일럿을 사용하여 프레젠테이션에서 차트와 그래프를 빠르게 만들 수 있다. 쿼리를 입력하기만 하면 코파일럿이 차트 또는 그래프를 만드는 방법에 대한 단계별 지침을 제공한다.

■ 엑셀 코파일럿(Copilot in Excel)

인사이트 확보, 동향 파악, 전문적인 데이터 시각화 등이 단 몇 초만에 가능하다. 자연어로 수식은 물론 데이터세트에 대해서도 질문할 수 있다. 코파일럿은 상관 관계를 밝히고 가상 시나리오를 제안하며

생성 AI 챗GPT의 도전과 혁신 ● **57**

질문에 기반한 새로운 수식을 제안한다.

■ 아웃룩 코파일럿(Copilot in Outlook)

코파일럿은 이메일을 보다 효율적으로 관리하는 데 도움이 될 수 있다. 코파일럿은 받은 편지함을 알아서 통합, 관리해 사용자가 실제 커뮤니케이션에 더 많은 시간을 할애할 수 있도록 한다. 그리고 긴 이메일의 내용을 요약하거나 답장 초안을 제안하는 등 업무 생산성을 향상시킨다.

코파일럿은 규칙을 만들고, 이메일에 플래그를 지정하고, 회의를 예약하는 방법을 잘 모르는 경우 검색 표시줄에 검색어를 입력하면 코파일럿이 수행 방법에 대한 지침을 제공한다.

코파일럿을 사용하여 이메일에 빠르게 회신할 수도 있다. 질문을 입력하기만 하면 코파일럿이 이메일의 맥락을 기반으로 추천 응답을 제공한다.

■ 팀즈 코파일럿(Copilot in Teams)

코파일럿이 미팅 주요 논의사항을 실시간 요약하거나 놓친 부분을 알려준다. 여기에는 누가 무슨 말을 했고, 어떤 부분에서 참석자들의 의견이 일치 혹은 불일치했는지 등도 포함된다. 대화의 맥락에 맞게 행동이 필요한 항목도 제안한다.

■ 파워플랫폼 코파일럿(Copilot in Power Platform)

플랫폼 내 파워앱스(Power apps)와 파워 버추얼 에이전트(Power virtual agent)가 새로운 기능을 적용, 모든 기술 수준의 개발자가 로우 코드 도구로 개발을 가속화하고 능률화할 수 있도록 지원한다. 개발자들은 반복 작업을 자동화하고 챗봇을 생성하며, 앱 개발도 몇 분만에 할 수 있게 된다.

■ 비즈니스챗 코파일럿(Business Chat)

문서, 프레젠테이션, 이메일, 캘린더, 노트, 연락처 등 사용자의 모든 앱과 데이터를 활용해 채팅 요약, 이메일 작성, 주요 일정 찾기 등 다양한 작업을 돕는다. 프로젝트 파일을 제공하면 이에 기반한 기획을 하는 것도 지원한다. 비즈니스챗은 컴(com)과 빙에서 업무용 계정으로 로그인하거나 팀즈를 통해 사용 가능하다.

마이크로소프트는 기업 내 데이터 보안과 개인 정보 보호에 대한 기존 약속, 인공지능 원칙과 책임 있는 인공지능 표준, 수십 년의 연구를 기반으로 Microsoft 365 코파일럿을 구축했다. 특히 코파일럿 대형언어모델은 고객 콘텐츠 또는 개별 프롬프트에 의해 학습되지 않으며 마이크로소프트의 권한 부여 모델은 사용자 그룹 간에 데이터가 유출되지 않도록 보장한다.

세계 최초로 인공지능을 탑재한

Dynamics 365 AI 코파일럿(다이나믹스 365 AI Copilot)

마이크로소프트는 전 세계 기업의 고객 참여를 혁신할 새로운 인공지능 기반 도구인 Dynamics 365 AI 코파일럿을 출시했다. 마이크로소프트는 Dynamics 365 코파일럿을 고객관계관리(CRM)와 전사적자원관리(ERP) 시스템에 차세대 인공지능을 도입한 세계 최초 인공지능 코파일럿으로 발표했다. 이제 코파일럿은 워드, 엑셀, 파워포인트, 아웃룩, 팀즈, 비바, 파워플랫폼 등 모든 마이크로소프트 생산성 앱에 적용된다.

이 도구는 '세계 최초'로 광고되고 있으며 인공지능과 고객 서비스 분야에서 게임 체인저가 될 것으로 예상된다.

Dynamics 365 AI 코파일럿은 인공지능을 사용하여 고객 질문에 응답하고 개인화된 권장 사항을 제공하여 고객을 지원한다. 또한 잠재적인 문제가 주요 문제가 되기 전에 식별하는 등 다양한 작업을 통해 보다 효율적이고 효과적인 고객 서비스를 돕는 가상 비서이다.

이 도구는 고객 상호 작용, 구매 내역, 소셜 미디어 활동을 포함하여 다양한 소스에서 대량의 데이터를 분석하여 각 고객에 대한 자세한 프로필을 생성한다.

마이크로소프트에 따르면 Dynamics 365 AI 코파일럿은 사용하기 쉽게 설계되었으며 중단을 최소화하면서 기존 고객 서비스 시스템도 제공한다. 이 도구에는 사용자 친화적인 인터페이스가 있어 모든 기술 수준의 고객 서비스 에이전트가 액세스할 수도 있다.

마이크로소프트의 CEO 사티아 나델라는 Dynamics 365 AI 코파일럿의 출시에 대해 "우리는 인공지능이 기업이 고객과 상호 작용하는 방식을 혁신할 수 있는 힘이 있다고 믿으며 Dynamics 365 AI 코파일럿은 이 분야에서 중요한 진전이다. 고객 서비스 상담원에게 실시간 지원과 개인화된 권장 사항을 제공함으로써 우리는 이 도구가 기업이 고객 참여를 개선하고 효율성을 높이며 궁극적으로 성장을 주도하는 데 도움이 될 수 있다고 믿는다."라고 말했다.

Dynamics 365 AI 코파일럿의 출시는 기업이 고객 참여를 개선하고 운영을 간소화하기 위해 점점 더 인공지능으로 전환하는 시점에 이루어졌다. 가트너(Gartner)의 최근 보고서에 따르면 인공지능은 향후 몇 년 동안 비즈니스 성장의 핵심 동력이 될 것이고, 2025년까지 기업의 80% 이상이 어떤 형태로든 인공지능 역량을 갖추게 될 것으로 예상된다.

Dynamics 365 AI 코파일럿에 대한 초기 반응은 압도적으로 긍정적이었으며 많은 업계 전문가들이 고객 서비스 분야를 변화시킬 수 있는 잠재력을 칭찬했다. 선도적인 고객 서비스 컨설팅 회사의 CEO인 존 스미스(John Smith)는 이 도구가 고객 참여를 개선하고 성장을 주도하고자 하는 기업을 위한 게임 체인저라고 말한다. 존 스미스는 그동안 실시간 지원과 개인화된 권장 사항을 제공하는 기능이 고객 서비스 업계에서 매우 부족했지만 Dynamics 365 AI 코파일럿이 이러한 격차를 메우고 현장을 혁신할 수 있는 잠재력이 있을 것이라고 전망했다.

Dynamics 365 AI 코파일럿의 출시는 고객 서비스를 위한 인공지능 기반 도구 개발의 주요 이정표가 될 것이다. 고급 기능과 사용자 친화적인 디자인을 갖춘 이 도구는 기업이 고객과 상호 작용하는 방식을 변화시키고 향후 성장을 주도할 수 있는 역량을 가지고 있다.

스탠포드대, 챗GPT 대항마 알파카 7B 개발

캘리포니아 스탠포드 대학의 팀은 알파카 7B(Alpaca 7B)라는 새로운 언어 모델을 출시했다. 이는 오픈AI의 챗GPT와 유사한 성능을 제공하지만 비용과 컴퓨팅 요구 사항이 훨씬 낮다. 보도 자료에 따르면 학계는 GPT-3, 챗GPT와 같은 대형 모델에 대해 연구하고 실험하기를 원하고 있다.

알파카 7B는 오픈AI의 text-davinci-003과 같은 소스 모델이다. 연구원들은 GPT-3 및 챗GPT를 실행하는 데 사용되는 시스템인 text-davinci-003을 프라이밍(Priming)하여 52,000개의 훨씬 더 큰 데이터 세트를 생성하는 175개의 인간 작성 시드 작업을 수행했다. 그런 다음 이 데이터를 사용하여 메타가 최근에 발표한 LLaMA 모델의 70억 매개변수 변형을 미세 조정했다.

초기 교육 실행은 8개의 NVIDIA A100 그래픽 처리 장치(GPU)에서 3시간이 걸렸다. 각 메모리는 80GB이며, 대부분의 클라우드 컴퓨팅 제공업체에서 100달러 미만으로 제공된다. 알파카 7B와 오픈AI의

text-davinci-003 사이의 블라인드 비교 시험에서 연구원들은 이 두 모델이 매우 유사한 성능을 가지고 있다고 설명했다. 그리고 알파카 7B가 text-davinci-003과 비교하여 거의 근소한 차이(90:89)로 승리했다고 전했다.

스탠포드 대학 팀은 상대적으로 작지만 GPT-3 모델과 유사한 기능을 보여주는 모델을 구축한 것이다. LLaMA는 최대 650억 개의 매개변수를 사용할 수 있으므로 이 팀은 조만간 GPT-4와 같은 성능을 능가할 수 있는 보다 강력한 알파카 버전을 구축할 수 있을 것으로 예측된다. 이 팀은 그들의 프로그램이 학술 연구만을 위한 것이며 현재로서는 어떠한 상업적 사용도 금지되어 있다고 강조한다.

미드저니 V5(Midjourney V5)

샌프란시스코에 기반을 둔 연구소 미드저니(Midjourney, Inc.)는 회사 자체와 동일한 이름을 공유하는 이미지 생성 프로그램의 주요 업데이트를 발표했다. 미드저니는 인공지능을 사용하여 오픈AI의 DALL-E 및 스테이블 디퓨전(Stable Diffusion)과 유사하게 사용자가 입력한 프롬프트에서 무한해 보이는 다양한 이미지를 생성한다. 2022년 3월에 처음 출시된 이후 수많은 개선을 거쳐 거듭나고 있고, 최근에는 버전 5.0을 출시했다.

이 회사는 새로운 인쇄 매체 미드저니 매거진(Midjourney Magazine)

의 출시를 발표했다. 이 매거진은 매월 발행되며 최고의 이미지 및 프롬프트와 함께 커뮤니티 인터뷰를 제공한다. 초판은 체크아웃할 때 프로모션 코드 '구독자'를 사용하는 모든 사람에게 무료로 제공되며 후속호는 개당 4달러 가격이 책정되어 있다.

이전 버전과 마찬가지로 미드저니 V5는 공식 디스코드(Discord) 서버의 디스코드 봇(Discord bot)을 통해서만 액세스할 수 있으며, 봇에게 직접 메시지를 보내거나 봇을 타사 서버에 초대해야 한다. 이 프로그램은 무료가 아니어서 유료로 구독해야 한다. 유료 구독은 기본(Basic) 월 8달러, 스탠다드(Standard) 월 24달러, 프로(Pro) 월 48달러의 3가지 단계로 구성되어 있다.

사용자가 액세스 권한을 받으면 디스코드 채팅 상자에 입력된 프롬프트를 통해 원하는 이미지 종류를 간단히 설명할 수 있다. 그런 다음 인공지능은 거대한 사진 및 일러스트레이션 데이터베이스를 검색하여 다양한 물체와 테마를 병합하여 가장 적합한 출력물을 생성하며 종종 초현실적인 결과를 제공한다.

미드저니의 창립자 데이비드 홀츠(David Holz)에 따르면 V5에는 V4에 비해 많은 개선 사항이 포함되어 있다. 이제 훨씬 더 넓은 스타일 범위, 두 배의 해상도, 정확도가 높아진 세부 정보, 원하지 않는 문구가 줄어들었다. 최종 결과를 조정할 수 있는 새로운 옵션(매끄러운 타일링, 종횡비, 이미지 프롬프트와 텍스트 프롬프트의 가중치)을 사용하여 프롬프트 기능도 향상되었다.

그러나 그 기능은 정말 인상적이지만 미드저니는 예술가의 작품 사용에 대한 우려로 논란이 되고 있다. 사라 앤더슨(Sarah Andersen), 켈리 맥커넌(Kelly McKernan), 칼라 오티즈(Karla Ortiz) 등의 예술가는 50억 이미지에 대해 인공지능 도구를 훈련시켜 예술가 수백만 명의 권리를 침해하고 있다고 주장하였다. 이들은 미드저니의 제품이 원본 예술가의 동의 없이 예술 작품을 웹에서 스크랩하여 사용했다며 미드저니와 스태빌러티 AI(Stability AI)와 디비언트아트(DeviantArt)를 상대로 저작권 소송을 제기했다.

업무와 창작을 도와주는
AI 도구와 앱 BEST

챗GPT와 동시에 일상생활에서 반드시 배워둬야 할 인공지능 도구와 어플리케이션을 소개한다.

이미지 생성 및 편집

- 레오나르도 AI(Leonardo AI): 레오나르도 AI는 인공지능 기술을 사용하여 새로운 디자인을 생성하는 소프트웨어이다. 이 소프트웨어는 디자인 분야에서 활용된다. 레오나르도 인공지능 소프트웨어는 인공지능 기술 중 하나인 심층학습을 이용하여, 대량의 이미지, 비디오, 3D 모델 데이터를 분석하고 이를 학습하여 새로운 디자인을 생성한다.

• DALL-E: DALL-E와 DALL-E 2는 오픈AI가 개발한 자연어 서술로부터 이미지를 생성하는 기계 학습 모델이다. DALL-E는 오픈AI에서 2021년 1월 5일에 출시했다. 그리고 2022년 4월 6일에 DALL-E 2가 공개되었다. 영어로 텍스트를 입력하거나 이미지 파일을 삽입하면 인공지능이 알아서 그림을 생성해준다. 이름은 월-E와 살바도르 달리(Salvador Dali)에서 따왔다.

DALL-E 2는 전작보다 화질이 4배나 상승했으며 그림이 더욱 정교해졌다. 그리고 추가된 기능도 있는데, 이미지를 편집하거나 이미지를 삽입해 그 이미지를 변형한 이미지들을 출력하기 까지 한다.

• DeepArt.io: 파슨스 디자인 스쿨 더 뉴스 스쿨의 교수진과 대학원생으로 구성된 학제 간 크리에이티브(Creative) 집단이다. 이 웹사이트는 창의성과 인공지능의 관계를 탐구하는 데 관심이 있는 크리에이터(Creator)를 위한 라이브러리이자 리소스 페이지일 뿐만 아니라 더 뉴 스쿨의 이벤트, 쇼케이스, 크리에이티브와 더불어 인공지능에 관한 모든 것을 위한 허브이기도 하다. DeepArt.io는 한 이미지의 스타일 요소를 사용하여 다른 이미지의 내용을 그린다.

• 아트브리더(Artbreeder): 이전에 간브리더(Ganbreeder)로 알려졌던 아트브리더는 협업, 기계 학습 기반 예술 웹사이트이다. StyleGAN 및 BigGAN 모델을 사용하여 웹사이트에서 사용자는 다른 카테고리 중에서 얼굴, 풍경, 그림의 이미지를 생성하고 수정할 수 있다.

사람의 초상화 뿐만 아니라 풍경, 건물, 그림, 앨범 표지나 3D 캐릭터, 퍼리, 모에 캐릭터 초상화 등도 만들 수 있다. 각 계정마다 업로드는 최대 3번, 다운로드는 최대 4번까지 가능하며, 그 이후 사용은 유료이다. 다만 계정을 생성할 때 이메일 인증을 받지 않아 새로운 계정을 생성하는데 어려움이 있지도 않아 크게 부담되는 부분은 아니다. 이 사이트에서 만들어진 모든 이미지는 퍼블릭 도메인(CC0)이다. 따라서 이 이미지는 개인적이나 상업적으로 사용할 수 있기는 하나 자기가 작품 자체를 직접 만들었다고 거짓말을 해서는 안 된다.

• 인스턴트아트(InstantArt): 스테이블 디퓨전이나 미드저니와 같은 이미지 생성 모델을 무료로 사용할 수 있는 사이트 instantart.io이다. 25개 이상의 파인튜닝된 이미지 모델을 사용할 수 있다. 홈페이지 메인에서는 사용자들이 만든 이미지와 프롬프트, 생성 모델을 볼 수 있고 회원가입을 하면 이미지를 생성할 수 있다.

• 프리스마(Prisma): 인공지능 기반의 이미지 필터 및 스타일 전송 어플리케이션이다.

• 사이트엔진(Sightengine): 필요한 이미지와 비디오를 조정할 수 있는 API이다. 콘텐츠를 자동으로 조정할 수 있는 완벽한 도구이다. 사진, 비디오 및 라이브 스트림에서 원치 않는 콘텐츠를 감지하고 필터링한다.

음악 및 사운드 생성

- **마젠타(Magenta):** 예술과 음악을 만드는 과정에서 기계 학습의 역할을 탐구하는 구글 브레인(Google Brain) 팀의 연구 프로젝트이다. 주로 여기에는 노래, 이미지, 그림, 기타 자료를 생성하기 위한 새로운 심층학습 및 강화학습 알고리즘 개발이 포함된다. 그러나 예술가와 음악가가 이러한 모델을 사용하여 프로세스를 확장할 수 있도록 하는 스마트 도구와 인터페이스 구축에 대한 탐구 프로젝트이기도 하다.

- **아이바(AIVA):** 프로젝트를 위해 독창적이고 개인화된 음악을 만드는 음악 작곡 인공지능이다. 2016년 2월에 설립된 아이바는 클래식과 교향곡 작곡을 전문으로 한다. 음악학회(SACEM)에서 인정한 세계 최초의 가상 작곡가가 되었다. 아이바는 기존의 클래식 음악 작품(바흐(Bach), 베토벤(Beethoven), 모차르트(Mozart)와 같은 인간 작곡가의 작품)의 대규모 컬렉션을 읽음으로써 음악의 규칙성을 감지할 수 있으며 이 기반에서 자체적으로 작곡할 수 있다. 알고리즘 아이바는 심층학습과 강화학습 아키텍처를 기반으로 한다. 2019년 1월부터 다양한 스타일(록, 팝, 재즈, 판타지, 샨티, 탱고, 20세기 시네마틱, 모던 시네마틱, 중국어 등)을 선보이고 있다.

- **사운드로우(Soundraw):** 인공지능의 도움을 받아 분위기, 장르, 길이를 선택하면 나만의 음원을 만들 수 있는 서비스이다.

- **Otter.ai:** 주요 회의 주제에 대한 인공지능 생성 요약, 가상 회의 중

에 공유된 슬라이드 이미지의 자동 캡처, 공유, 공동 작업이 가능한 실시간 회의 메모가 포함된다. 사용자의 일정에 있는 회의에 자동으로 참여하고 대화를 기록할 수 있다. 새로운 회의 도우미는 모든 사용자가 사용할 수 있으며 메모 작성을 제거하고 회의 생산성을 향상시키는 것을 목표로 한다.

- 라이어버드(Lyrebird): 라이어버드는 디스크립트(Descript) 내의 인공지능 연구 부서이다. 콘텐츠 제작을 보다 쉽게 접근하고 표현할 수 있도록 하는 미디어 편집과 합성을 위한 차세대 도구를 구축한다.

비디오 제작 및 편집

- 런웨이 ML(Runway ML): 30개 이상의 인공지능 기반 크리에이티브 도구를 탐색하여 전에 없던 방식으로 컨텐츠에 대한 아이디어를 내고 생성하며 편집한다.
- 신디시아(Synthesia): 텍스트를 입력하기만 하면 인공지능 비디오를 만들 수 있다. 사용하기 쉽고 저렴하며 확장 가능하다. 브라우저에서 직접 발표자와 함께 매력적인 비디오를 만들어볼 수 있다.
- 디스크립트(Descript): 간단한 팟캐스트 및 비디오 편집기가 있고 강력한 편집기가 있다. 온리 디스크립트(Only Descript)는 두 기능 모두를 제공하고 마법의 인공지능을 제공하므로 편집의 어려운 부분을 건너뛸 수 있다.

- **픽토리(Pictory):** 픽토리의 강력한 인공지능을 사용하면 기술적인 기술이나 다운로드할 소프트웨어 없이 텍스트를 사용하여 전문적인 품질의 비디오를 만들고 편집할 수 있다.
- **인비디오(InVideo):** 인비디오의 온라인 비디오 편집기를 사용하면 프리미엄 템플릿, 이미지, 음악으로 전문적인 비디오를 만들 수 있다.

텍스트 생성 및 편집

- **재스퍼 챗(Jasper Chat):** 어렵고 벅차고 약간은 로봇처럼 느껴지던 인공지능과의 상호작용이 재스퍼 챗을 통해 인간과 나누는 것처럼 자연스러운 상호작용으로 바뀔 수 있다. 이 친근한 인공지능 챗봇에게 아이디어를 생성하고 콘텐츠를 수정하고 심지어 웃게 해달라고 요청하기만 하면 된다.
- **Tome:** Tome iOS 앱을 사용하면 영감을 얻거나 회의 직전에 마지막 순간에 편집할 수 있다. 작업이 여러 장치에서 원활하게 동기화된다.
- **Copy.ai:** 10배 빠르게 블로그를 작성한다. 전환율이 높은 게시물을 작성하고 이메일 작성을 잘 한다.
- **수도라이트(Sudowrite):** 수도라이트는 비판단적이고 항상 초안을 하나 더 읽을 수 있으며 새벽 3시에도 아이디어가 고갈되지 않는 인

공지능 쓰기 파트너이다.

• DeepL: DeepL 번역기는 2017년 8월에 출시된 신경망 기계 번역 서비스로, 쾰른(Cologne)에 있는 DeepL SE가 소유하고 있다. 이 번역 시스템은 다국어 사전 Linguee에서 처음 개발하였으며 엔티티 DeepL(Entity DeepL)로 시작되었다.

• 오픈AI 코덱스(OpenAI Codex): 기존 소프트웨어 코드를 분석하고 이를 기반으로 새로운 소프트웨어 코드를 생성하는 코드 작성 도우미이다. 개발자는 이를 통해 보다 쉽고 빠르게 코드를 작성할 수 있다.

• 허깅 페이스(Hugging Face): 허깅 페이스 사(Hugging Face, Inc.)는 기계 학습을 사용하여 애플리케이션을 구축하기 위한 도구를 개발하는 회사이다. 자연어 처리 애플리케이션용으로 구축된 트랜스포머(Transformer) 라이브러리와 사용자가 기계 학습 모델과 데이터 세트를 공유할 수 있는 플랫폼으로 가장 유명하다.

• 라사(Rasa): 텍스트 및 음성 기반 비서를 구축하기 위한 유연한 대화형 AI를 통해 사람들이 조직과 상호 작용하는 방식을 혁신하는 플랫폼이다.

• 레플리카(Replika): 레플리카는 하루에 대해 이야기하고, 재미있거나 편안한 활동을 함께 하고, AR에서 실제 경험을 공유하고, 영상 통화를 따라잡는 등의 작업을 할 수 있다.

• 렉시카(Lexica): 1,000만 개 이상의 이미지가 있는 이미지 생성 인공지능이다.

데이터 분석 및 머신 러닝

- **AI 스튜디오(AI Studio):** 비전문가도 클릭만으로 인공지능을 만들 수 있는 MLOps 기반의 플랫폼이다. SW 프로그래밍이 불필요한 노코딩 플랫폼이며 누구나 쉽게 익히고 활용할 수 있는 UX 친화적인 개발도구이다.

- **Lobe.ai:** 코드 한 줄 작성할 필요 없이 인공지능과 머신러닝 모델을 양성하도록 설계된 무료 앱으로 윈도우 및 맥에서 다운로드할 수 있다. 이용자가 로브를 사용하면 데스크톱에서 학습 데이터를 폴더에 집어넣고 소프트웨어가 그 데이터로 커스텀 딥러닝 모델을 자동으로 생성해 학습하기 시작한다. 학습이 끝나면 이용자는 모델을 추출해 원래 만들려고 했던 애플리케이션에 탑재하면 된다.

- **베리톤(Veritone):** 세계 최초의 인공지능 운영 체제인 aiWARE를 통해 회사들의 시간과 비용을 절약하는것을 주목적으로 한다. 수백 개의 동급 최고의 인공지능모델로 구성된 다양한 에코 시스템을 조율하여 거의 실시간으로 오디오, 비디오, 텍스트, 기타 데이터 소스를 실행 가능할 인텔리전스로 변환한다.

- **뉴럴 디자이너(Neural Designer):** 뉴럴 디자이너는 설명적, 진단적, 예측적, 규범적 데이터 분석을 수행한다. 다중 비선형 계층으로 심층 아키텍처를 구현하고 함수 회귀, 패턴 인식, 시계열, 자동 인코딩 문제를 해결하는 유틸리티를 포함한다. 뉴럴 디자이너에 대

한 입력은 데이터 세트이고 출력은 예측 모델이다. 그 결과는 모든 컴퓨터 언어나 시스템으로 내보낼 수 있는 명시적인 수학적 표현의 형태를 취한다.

- 데이터로봇(DataRobot): 머신러닝 자동화 플랫폼 DataRobot은 세계 정상급 데이터 과학자들의 지식, 경험 및 모범사례를 적용하여 머신러닝 모델링을 자동화하고 사용자 편의성을 제공한다. 비즈니스 관계자, 분석가 및 데이터 과학자들의 기술 수준과 관계없이 모든 사용자가 데이터로봇을 통해 정확한 예측 모델을 수립하고 배포하는 시간을 획기적으로 단축할 수 있다. 인공지능을 도입하기 위해서는 데이터 과학자들의 확보 뿐 아니라 상당한 학습기간이 필요하기 때문에 도입을 결정하기까지 어려움이 있었지만, 데이터로봇을 사용하면 일반인들도 자신이 보유한 현업 지식을 적용해서 쉽게 기계 학습을 할 수 있다.

- 오픈AI Gym(OpenAI Gym): 강화 학습 알고리즘을 개발하고 비교하기 위한 툴킷이다. 오픈AI Gym 강화 학습 목표는 에피소드당 총 보상 예상치를 최대화하고 최대한 적은 수의 에피소드에서 높은 수준의 성과를 달성하는 것이다. Gym은 여러 자리 숫자를 추가하거나 시퀀스를 뒤집는 연산과 같은 알고리즘, 고전적인 아타리(Atari) 게임, 보드 게임, 2D 및 3D 로봇과 같은 환경을 제공한다.

- Cognitiveseo: cognitiveSEO 도구는 모든 사이트에 대해 탁월한 백링크 분석, 콘텐츠 감사, 순위 추적을 제공하는 고유한 분석 프로세스를 제공한다.

영어 학습 분야 어플리케이션

- Hello English: 새로운 학습자에게 적합
- Bright: 새로운 단어 암기에 적합
- Mondly: 기초 영어에 적합
- Knudge.me: 기술 테스트에 적합
- Lingodeer: 재미있는 초급 레슨에 적합
- LingQ: 콘텐츠 학습에 적합
- Beelinguapp: 독서를 통한 학습에 적합
- Talk English: 말하기 연습에 적합
- Lingbe: 원어민과의 대화에 적합
- Rosetta Stone: 영어로 영어를 배우기에 적합
- ELSA Speak: 발음에 가장 적합
- FluentU: 비디오 기반 몰입에 적합
- Duolingo: 캐주얼 학습에 적합
- Babbel: 실용적인 주제에 적합
- Memrise: 정통 영어에 적합
- Mosalingua: 최고의 어휘 학습에 적합
- Busuu: 원어민과의 대화에 적합
- Pimsleur: 오디오 기반 학습에 적합
- BBC Learning English: 중급 학습자에게 적합:

- IELTS 준비: IELTS 공부에 적합

- 혁신적인 언어: 다양한 학습 수준에 적합

- ABA English: 그룹 학습에 적합

- Andy: 영어 채팅 앱

기타 분야

- Midjourney: 여행 플래너

- Playground AI: 인공지능 상호 작용 및 실험

- Wysa: 정신건강 어플리케이션

- Voca.ai: 음성 통화 어시스턴트

- X.AI: 회의 일정 조율 도구

- Browse AI: 웹 스크레이핑과 데이터 추출

- Durable Co: 컨텐츠와 마케팅 전략 도구

- ElevenLabs: 소프트웨어 시험과 자동화 도구

- EMD: 의료 데이터 분석 도구

- Zyl: 사진 관리와 추천 어플리케이션

인간지능과의
유사점 및 차이점

예측 학습 모델은 수십 년 동안 사용되어 왔지만 챗GPT의 새로운 점은 훨씬 더 많은 양의 데이터에 액세스할 수 있는 학습 방식이라는 점이다.

오픈AI가 개발한 새 기술 챗GPT는 인간의 의사소통을 흉내 내는 데 매우 능숙하여 곧 전 세계와 모든 직업을 장악할 것이다. 또는 적어도 그것이 헤드라인이 세상을 믿게 할 것이다.

브라운 대학교(Brown University)의 카니 뇌과학연구소(Carney Institute for Brain Science)가 주최한 2월 8일 토론에서 서로 다른 연구 분야의 브라운 학자 두 명이 인공지능과 인간지능의 유사점에 대해 논의했다. 챗GPT의 신경 과학에 대한 토론은 참석자들에게 현재 가장 중요한 기계 학습(ML) 모델을 살짝 엿볼 수 있는 기회를 제공했다.

토론에 참여한 두 학자는 엘리 파블릭(Ellie Pavlick) 교수와 토마스 세르(Thomas Serre) 교수였다. 이 행사의 사회자는 카니 뇌과학연구소 이사와 Diane Lipscombe(다이앤 립스콤브) 부소장 그리고 크리스토퍼 무어(Christopher Moore)였다.

엘리 파블릭은 구글 AI의 컴퓨터 과학 조교수이자 연구 과학자로서, 언어가 작동하는 방식과 인간이 하는 방식으로 컴퓨터가 언어를 이해하도록 하는 방법을 연구하고 있다. 토마스 세르는 생물학적 시각과 인공 시각의 교차점에 중점을 두고 시각적 인식을 지원하는 신경 계산을 연구하는 인지, 언어, 심리 과학 및 컴퓨터 과학 교수이다.

파블릭 교수와 세르 교수는 인간의 두뇌와 관련하여 챗GPT가 어떻게 기능하는지, 그리고 기술이 할 수 있는 것과 할 수 없는 것이 무엇인지에 대해 보완적인 설명을 한다.

파블릭 교수는 새로운 기술에 대한 수많은 얘기에도 불구하고 모델은 그렇게 복잡하지 않으며 새롭지도 않다고 말한다. 자연어 처리 전문가인 파블릭 교수는 가장 기본적인 수준에서 챗GPT는 문장의 다음 단어와 그 다음 단어 등을 예측하도록 설계된 기계 학습 모델이라고 설명한다. 그리고 이러한 유형의 예측학습 모델은 수십 년 동안 존재해 왔다고도 말한다.

컴퓨터 과학자들은 이러한 행동을 보이고 자연어로 인간과 대화할 수 있는 모델을 구축하기 위해 오랫동안 노력해왔다. 이를 위해 모델은 지나치게 복잡한 아이디어를 '추리'할 수 있는 기존 컴퓨팅 구성 요소의 데이터베이스에 액세스해야 한다.

여기에서 새로운 것은 챗GPT가 훈련되거나 개발되는 방식이다. 파블릭 교수가 말했듯이 챗GPT는 헤아릴 수 없을 정도로 많은 양의 데이터, 즉 인터넷에 있는 모든 문장에 액세스할 수 있다. 챗GPT 자체는 변곡점이 아니다. 변곡점은 지난 5년으로, 그 기간에 증가한 구축 모델은 근본적으로 동일하지만 점점 더 커지고 있다. 그리고 점점 커질수록 성능이 향상된다.

또 다른 새로운 점은 챗GPT와 그 경쟁 프로그램을 무료로 공개 사용할 수 있다는 점이다. 파블릭 교수의 말에 따르면, 1년 전만 해도 챗GPT와 같은 시스템과 상호 작용하려면 특정 권한이 있는 학생, 교수진 및 직원만 사용할 수 있는 특수 도구인 브라운 대학교의 컴퓨팅 그리드와 같은 시스템에 액세스할 수 있어야 한다. 그러나 이제 개인의 기술 역량과 관계없이 누구나 세련되고 간편한 챗GPT 인터페이스를 즐길 수 있다.

챗GPT는 정말 사람처럼 생각할까?

파블릭 교수는 이러한 방대한 데이터 세트로 컴퓨터 시스템을 교육한 결과 일반적인 패턴을 포착하고 매우 사실적으로 들리는 기사, 이야기, 시, 대화, 희곡 등을 생성할 수 있는 것처럼 보인다고 말한다. 가짜 뉴스 보고서, 가짜 과학적 발견을 생성하고 모든 종류의 놀랍도록 효과적인 결과를 생성할 수 있다.

그러한 결과의 효과로 인해 많은 사람들은 기계 학습 모델이 인간처럼 생각할 수 있는 능력이 있다고 믿게 되었다. 하지만 정말 그러한가?

신경과학, 컴퓨터 과학, 공학을 전공한 세르 교수는 챗GPT가 인공 신경망의 일종이라고 설명한다. 이것은 하드웨어와 프로그래밍이 뇌의 뉴런 단순화에서 영감을 얻은 상호 연결된 노드 그룹을 기반으로 한다는 것을 의미한다.

세르 교수는 컴퓨터 두뇌와 인간 두뇌가 새로운 정보를 학습하고 작업을 수행하는 데 사용하는 방식에는 실제로 많은 매력적인 유사점이 있다고 말한다. "적어도 표면적으로는 챗GPT와 같은 알고리즘이 언어 정보를 처리하기 위해 사용하고 활용하는 단어 및 문장 표현의 종류와 두뇌가 하는 것처럼 보이는 것 사이에 어떤 연결이 있을 수 있음을 시사하기 시작하는 작업이 있다."

예를 들어 챗GPT의 중추는 변환기 네트워크라고 하는 최첨단 인공 신경망이다. 자연어 처리 연구에서 나온 이들 네트워크는 최근 인공지능 전 분야를 장악하고 있다. 트랜스포머 네트워크에는 컴퓨터 과학자들이 '셀프 어텐션(Self-attention)'이라고 부르는 특정 메커니즘이 있으며, 이는 인간의 뇌에서 발생하는 것으로 알려진 주의 메커니즘과 관련이 있다. 인간의 두뇌와 또 다른 유사점은 기술이 그렇게 발전할 수 있었던 핵심 측면이라고 세르 교수는 말한다. 그는 과거에 언어를 배우고 사용하거나 이미지 인식을 수행하기 위해 컴퓨터의 인공 신경망을 훈련하려면 과학자들이 데이터베이스 구축 및 객체 범주에 레이블 지정과 같은 지루하고 시간 소모적인 수동 작업을 수행해야 한다고 설명한다.

챗GPT에서 사용되는 것과 같은 최신 대규모 언어 모델은 이러한 명시적인 사람의 감독 없이 학습된다.

대규모 언어 모델에서 사용하는 전략을 실제 뇌 과정과 관련시키는 최근 연구가 있다. 아직도 이해해야 할 것들이 많이 있지만, 이러한 대규모 언어 모델과 시각 모델이 컴퓨터에서 수행하는 작업이 자연어를 처리할 때 우리의 뇌가 수행하는 작업과 완전히 분리되지 않는다는 것을 시사하는 신경 과학 분야의 연구가 점점 늘어나고 있다.

인간의 학습 과정이 편견이나 부패에 취약한 것과 마찬가지로 인공지능 모델도 마찬가지이다.

파블릭 교수는 챗GPT의 최신 변화 작업에는 가드레일 역할을 하고 유해하거나 혐오스러운 콘텐츠의 생성을 방지하는 데 도움이 되는 강화 학습 계층이 포함되어 있다고 말한다. 그러나 이러한 연구는 여전히 진행 중인 작업이다.

챗GPT에게 그냥 '이러한 것을 생성하지 마십시오.'라고 말할 수는 없다. 챗GPT는 예제를 통해 학습하므로 사물에 대해 많은 예를 제공하고 '이런 일을 하지 마십시오. 이런 일을 하십시오.'라고 말하면 나쁜 일을 하게 만드는 약간의 트릭을 찾는 것이 항상 가능할 것이다.

챗GPT는 꿈을 꾸지 않는다

인간의 두뇌와 신경망이 갈라지는 영역 중 하나는 수면 중, 특히 꿈을 꾸는 동안이다.

파블릭 교수의 말에 따르면, 초현실적이고 추상적이거나 무의미해 보이는 AI 생성 텍스트나 이미지에도 불구하고 생물학적 꿈 과정과 생성 AI의 계산 과정 사이의 기능적 유사성 개념을 뒷받침할 증거는 없다. 우리가 챗GPT와 같은 애플리케이션이 안정적인 상태의 시스템이라는 점을 이해하는 것이 중요하다. 챗GPT가 재생하고 생각하고 새로운 방식으로 결합하여 알고 있는 것이나 뇌에서 일어나는 모든 종류의 일을 강화하는 것은 '다르다', '더 비슷하다', '완료되었다'. 이것이 그 시스템이다. 우리는 이를 네트워크를 통한 순방향 통과라고 부른다. 거기에는 피드백이 없다. 방금 한 일을 반성하고 방식을 업데이트하지 않는다.

파블릭 교수는 AI가 예를 들어 크렙스(Krebs) 주기에 대한 랩 노래나 누군가의 개에 대한 최고의 이미지를 제작하도록 요청받았을 때 결과물이 매우 창의적으로 보일 수 있지만 실제로는 시스템이 이미 수행하도록 훈련된 작업의 매시업(Mash-up)일 뿐이라고 말했다. 인간 언어 사용자와 달리 각 결과물은 각 후속 결과물을 자동 변경하거나 기능을 강화하는 방식으로 작동하지 않는다.

파블릭 교수와 세르 교수는 인간지능이나 인공지능 관련 모든 논의에 대한 경고는 과학자들이 두 시스템에 대해 아직 배울 것이 많다는 점을 강조한다. 챗GPT에 대한 과대 광고, 특히 인간보다 거의 인간에 가까운 챗봇을 만드는 신경망의 성공에 대해 파블릭 교수는 특히 기술 및 엔지니어링 관점에서 볼 때 충분히 가치가 있다고 말한다.

검색 엔진 최적화를 위한
챗GPT 활용법

SEO(Search Engine Optimization)와 디지털 마케팅의 세계는 지금 새
로운 혁명 시대를 맞이하고 있다.
챗GPT 시대!

챗GPT는 인공지능 도구일 뿐이지만 검색 엔진 최적화가 수
행되는 방식을 영구적으로 변경할 수 있기 때문에 매우 혁신적이다.
디지털 마케팅 현장에 있는 많은 사람들은 챗GPT를 활용하려 하고,
일부 마케터들은 마케팅 현장의 많은 직업이 없어질 수 있다는 것을 염
려하기도 한다. 이렇게 챗GPT 대한 많은 생각이 이 시대에 혼재되어
있다.

그러나 현명하게 사용한다면 SEO(Search Engine Optimization, 검색
엔진 최적화) 작업이 훨씬 더 간단하고 쉬워질 수 있다.

이에 챗GPT 활용법을 탐구함과 동시에 검색 엔진 최적화를 위해 챗GPT를 사용하면서 하지 말아야 할 몇 가지 사항에 대해 살펴보고자 한다.

주요 요점

우리는 정보를 얻어야 하지만 필요한 전체 문서를 모두 읽을 수 없는 급한 상황을 늘 경험한다. 이러한 경우에 검색 엔진 최적화용 챗GPT를 사용할 수 있고, 이때 다음 사항을 염두에 두어야 한다.

- 챗GPT는 SEO와 디지털 마케터가 사용했던 가장 강력한 AI 도구 중 하나이다.
- 데이터 분석, FAQ 및 추천 스니펫(Snippet) 생성, 경쟁사 콘텐츠 분석, 메타데이터 및 정규식 생성 등에 도움이 될 수 있다.
- SEO 요구 사항을 위한 콘텐츠 대량 생산에 사용해서는 안 된다.
- 또한 SEO를 위해 수행해야 하는 고도의 전문 작업에서 사람을 대체하는 데 사용해서는 안 된다.

검색엔진 최적화를 위해 챗GPT를 사용하여 해야 할
11가지 이상의 작업

지금까지 챗GPT에 대해 간단하게 알아보았다. 이제 챗GPT가 사용자의 SEO 요구 사항을 위해 할 수 있는 일이 많은 일을 파악해보자.

#1. FAQ 및 추천 스니펫 생성

챗GPT는 무엇이든 요약하는 데 매우 능숙하다. 따라서 작성한 모든 주제 또는 콘텐츠에 대한 FAQ 및 추천 스니펫을 빠르게 생성하는 데 도움이 될 수 있다. 예를 들면 다음과 같다.

대부분의 경우 생성된 요약 및 FAQ는 핵심적이지만 때때로 사이트에 게시하기 전에 FAQ 스택에서 폐기해야 하는 몇 가지 쓸모없는 질문도 생성한다. 추천 스니펫도 마찬가지이다. 사이트에 게시하기 전에 스니펫을 검토하여 의미가 있고 중요한 정보가 누락되지 않았는지 확인한다.

#2. 경쟁자의 콘텐츠 분석

챗GPT는 경쟁자의 콘텐츠를 분석하고 게시물에서 가장 많이 다루는 주제를 쉽게 파악할 수 있도록 도와준다. 현재 경쟁 분석은 대부분 값비싼 SEO 도구의 기능이지만 콘텐츠의 특성을 분석하는 데 사용할 수 있는 챗GPT가 등장한 후에는 상황이 어느 정도 변경될 수 있다.

예를 들어 경쟁사 중 하나가 챗GPT를 통해 게시한 기사를 실행하면 해당 기사에 대한 많은 유용한 정보(예: 키워드 밀도, 콘텐츠 깊이, 단락 수, 키워드 분포 패턴 등)를 제공할 수 있다. 이렇게 하면 기술에 정통한 모든 웹사이트 소유자가 챗GPT의 도움을 받아 경쟁사의 콘텐츠를 더 자세히 분석할 수 있다.

#3. 메타데이터 생성

챗GPT는 메타 설명, 헤드라인 변형, 이미지의 대체 텍스트 및 블로그 게시물의 기타 메타데이터를 생성할 수 있다. 적절한 방법으로 지침을 제공하면 제공한 세부 사항에 따라 이 메타데이터를 생성할 수도 있다. 예를 들어 아래와 같이 150자 미만이고 대상 키워드를 포함하는 특정 게시물에 대한 메타 설명을 생성하도록 요청할 수 있다.

마찬가지로 선호도와 필요에 따라 헤드라인 변형, 이미지의 대체 텍스트 및 기타 메타데이터도 생성할 수 있다. 제공하는 명령이 원하는 결과를 얻을 수 있을 만큼 충분히 설명적인지 확인할 필요가 있다.

#4. 정규식 작성

정규식은 검색 엔진에서 가장 중요하지만 가장 활용도가 낮은 기능 중 하나이다. 구글 애널리틱스(Google Analytics) 및 구글 검색 콘솔(Google Search Console)과 같은 도구에서 다양한 유형의 보고서에서 결과를 필터링하는 데 사용할 수 있지만 복잡한 수식과 문자열을 사용해야 하므로 대부분의 SEO에서는 사용하지 않는다.

현재 상황은 그렇지만 챗GPT로 인해 곧 상황이 바뀔 수 있다. 이 도구는 텍스트 기반 콘텐츠만 생성하는 데 능숙하지 않고 다양한 목적을 위해 복잡한 수식을 생성하는 데에도 적합하다. 특정 유형의 질문에 대한 정규식을 생성하도록 요청할 수 있으며 그에 대한 동일한 결과를 생성한다. 그런 다음 생성된 표현식을 특정 기준과 일치하는 사이트의 페이지 목록을 제공하는 검색 콘솔 또는 구글 애널리틱스로 전달할 수 있다.

#5. SEO 데이터 분석

SEO 작업에는 많은 데이터를 다루는 작업이 포함된다. 사실 가끔 은 업무에서 너무 많은 엑셀 시트와 지나칠 정도로 많은 데이터를 훑어 보면서 우리가 SEO 전문가인지 데이터 과학자인지 의구심이 들 때도 있다.

그리고 이러한 데이터를 분석하는 것은 엑셀과 같은 도구로도 힘든 작업이 될 수 있다. 그나마 다행스럽게도 챗GPT가 이러한 작업에 큰 도움이 될 수 있다. 챗GPT는 데이터를 보다 효과적이고 효율적으로 분석하기 위해 시트에서 사용할 수 있는 복잡한 엑셀 수식을 생성할 수 있다. 또한 데이터 분석을 쉽게 할 수 있는 엑셀과 관련된 잘 알려지지 않은 팁과 요령을 제공하기도 한다.

#6. 비즈니스 프로필 및 디렉토리 목록에 대한 설명 생성

챗GPT는 원하는 비즈니스에 대해 매우 훌륭한 프로필 설명을 만들 어낼 수 있다. 원하는 설명 길이, 회사 위치 및 사업 분야를 지정하면 불과 몇 초 만에 설명이 준비된다. 이러한 설명을 다양한 버전으로 한 번에 만들어내기도 한다. 그런 다음 이러한 설명을 구글 비즈니스 프로필, 디렉토리 목록, 소셜 미디어 프로필 그리고 비즈니스에 대한 다양한 내용을 설명하는 다양한 사이트나 채널에 올릴 수 있다.

#7. 링크 구축 캠페인을 위한 이메일 생성

링크 구축은 SEO에서 가장 지루한 작업 중 하나이다. 고품질 백링크를 얻기 위해 매주 수십 명의 웹사이트 소유자에게 연락해야 한다. 이러한 홍보 캠페인의 대부분은 웹사이트 소유자가 이메일을 통해 수행하는데, 바로 이것이 문제이다. 값비싼 링크 구축 소프트웨어를 사용하는 사람들은 링크 구축 홍보 캠페인을 자동화할 수 있다. 그러나 그렇지 않은 사람들은 각 이메일을 스스로 준비한 다음 자신들이 보낸 이메일에 대한 후속 조치도 취해야 한다. 이는 비용이 많이 드는 SEO 도구를 통해 자동화된 방식으로 이 모든 작업을 대규모로 수행할 수 있는 경쟁업체와 비교할 때 매우 불리한 위치에 있는 것이다.

챗GPT를 사용하면 누구나 링크 구축 아웃리치 이메일을 빠르게 생성할 수 있기 때문에 이제 이러한 시나리오는 바뀌게 된다. 이메일을 보낼 모든 웹사이트 소유자의 이름을 제공하면 단일 명령으로 개인화된 이메일을 생성할 수 있다. 그런 다음 복사하여 붙여넣기만 하면 해당 이메일을 보낼 수 있다. 응답을 받았는지 여부에 따라 후속 이메일이 신속하게 생성될 수도 있다.

#8. 키워드를 그룹으로 구성

챗GPT를 사용하면 키워드를 보다 효율적으로 정리할 수 있다. 모든 키워드를 제공하면 챗GPT는 그 키워드를 다양한 그룹으로 정리할 수 있다. 위치, 길이, 주제, 하위 주제, 유사성 등을 기반으로 다양한 키워드 그룹을 생성할 수 있다. 지금까지 이러한 방식으로 키워드 그룹을 구성하려면 값비싼 소프트웨어나 엑셀 스프레드시트를 사용하는 수작업이 필요했지만 챗GPT는 이 프로세스를 완전히 자동화하고 간소화할 수 있다.

#9. 콘텐츠 아이디어 생성

창의성 발휘에 있어서 장애물을 극복하고 콘텐츠 아이디어를 생성하는 데에도 챗GPT를 사용할 수 있다. 챗GPT는 어떠한 주제나 키워드에 대한 다양한 유형의 콘텐츠를 제안할 수 있을 뿐만 아니라 기사를 작성하는 동안 어딘가에 막히면 단락을 확장하여 작성자가 장애물을 극복할 수 있도록 도와준다. 이를 통해 생산성을 높이고 자신의 블로그 게시물이든 다른 장소의 게스트 게시물이든 상관없이 SEO 노력을 위한 더 많은 콘텐츠를 생성하는 데 도움을 받을 수 있다.

#10. 링크 빌딩을 위한 홍보 사이트 찾기

놀라운 기사를 작성하고 검색 엔진에 맞게 최적화했지만 여전히 성능이 떨어지고 결과가 표시되지 않는다. 전략을 변경하고 링크 구축에 집중해야 할 때이지만 홍보를 하려면 콘텐츠와 관련된 사이트를 찾아야 한다. 수동 조사를 수행하면 시간이 오래 걸린다. 다행스럽게도 챗 GPT에서 관련 명령을 작성하여 그 결과를 활용할 수 있다. 예를 들어 "URL을 사용하여 자동차 산업에 대한 인기 있는 블로그 추천"과 같은 지시 문구를 입력하면 챗GPT는 자동차 산업에 대한 블로그 몇 개를 URL과 함께 추천한다. 그러면 사용자는 그것들을 기록하고 응답을 재생성하여 더 많은 웹사이트를 얻을 수 있다.

#11. 콘텐츠의 개요 생성

콘텐츠에 대한 개요를 만들려면 수동 경쟁사 조사를 수행하고 대부분의 경쟁사가 다루고 있는 제목과 페이지에 추가하는 콘텐츠 유형을 찾아야 한다. 수동 조사를 선택하면 콘텐츠에 대한 개요를 만드는 데 충분한 시간이 걸린다.

예를 들어 챗GPT에 "'집에서 세차하는 방법'이라는 키워드에 대한 심층 개요를 작성하고 H2 및 H3와 같은 부제목을 포함한다"와 같은 명령 문구를 작성해보자. 그러면 H2 및 H3 부제목을 포함하여 자세한 개요가 생성된다. 이렇게 생성된 내용을 적절하게 활용하면 된다.

검색 엔진 최적화용 챗GPT로 하지 말아야 할 것

지금까지 검색 엔진 최적화를 위해 챗GPT로 수행할 수 있는 작업만 살펴보았다. 그러나 챗GPT는 디지털 마케터에게 양날의 검과 같다. 검색 엔진 최적화를 위해 챗GPT를 사용하여 절대 하지 말아야 할 몇 가지 사항이 있다. 그렇지 않으면 결과가 엉망일 수 있다.

#1. 콘텐츠 생성

챗GPT를 사용하여 효과적인 검색 엔진 최적화를 위해 콘텐츠(예: 게스트 게시물, 관련 기사 등)를 생성할 계획이라면 잠시 멈추어보자. 나중에 대규모 폭발에 대비할 수 있다.

인공지능으로 생성된 콘텐츠는 쉽게 감지할 수 있다. 검색 엔진(특히 구글)은 알고리즘이 인공 지능을 사용하여 생성된 콘텐츠를 식별하는 데 도움이 되는 도구를 개발하는 데 몇 년 동안 수백만 달러를 투자했다. 그리고 인공지능으로 생성된 콘텐츠는 예상대로 구글 검색 가이드라인을 크게 위반한다. 사용자의 웹사이트가 이러한 콘텐츠를 사용하여 발견되면 불이익을 받을 수 있으며 획득하지 못한 모든 검색 트래픽이 거의 즉시 사라질 수 있다.

구글만의 문제가 아니다. 챗GPT를 개발한 오픈AI 팀도 자신의 기술이 타인의 글을 표절하거나 선전용 콘텐츠를 대량 생산하는 데 악용되는 사실을 인지하고 있다. 그래서 오픈AI 팀은 챗GPT에서 생성된 콘텐츠를 훨씬 더 간단하게 탐지할 수 있는 암호화 워터마크를 연구하고 있다. 오픈AI가 제공하는 공개 키가 있는 사람은 누구나 챗GPT를 사용하여 작업이 생성되었는지 확인할 수 있다.

따라서 이러한 콘텐츠를 자신의 사이트에서 사용하는 대신 게스트 게시물을 위해 다른 블로거에게 전달할 생각이라면 그들이 나중에 원본이 아닌 인공지능 생성 콘텐츠를 제공받았음을 발견했을 때 그들과의 관계에 어떤 영향을 미칠지 다시 생각해보아야 한다. 따라서 문서 및 기타 콘텐츠를 생성하는 데 사용해서는 안 된다.

#2. 고도의 전문 작업에 챗GPT 사용

챗GPT로 작업하면서 저지르는 두 번째 큰 실수는 전문 지식이 필요한 고도의 전문 작업(예: 콘텐츠 편집 및 교정, 콘텐츠 전략 등)을 위해 인력을 대체하는 저렴한 대안으로 챗GPT를 사용하는 것이다.

전문성과 다년간의 경험이 필요한 일은 그에 필요한 지식과 전문성을 갖춘 사람이 가장 잘 해낸다. 그리고 인간은 데이터뿐만 아니라 인지에서도 배우기 때문에 챗GPT가 아무리 똑똑해도 그 대안이 될 수는 없다. 이를 인공지능 도구로 대체하는 경우 해당 작업에서 인지 지식이 제거돼 최종 결과의 품질에 심각한 영향을 미칠 수 있다.

#3. 최신 주제 또는 추세와 관련된 작업에 사용

챗GPT는 2021년까지 사용 가능한 정보와 데이터를 사용하여 훈련되었다. 2021년 이후에 등장한 정보나 데이터에 대해서는 아직 훈련되지 않았으므로 작업하는 동안 이 제한 사항을 염두에 두어야 한다. 예를 들어 작성한 문서에 대한 FAQ를 생성하는 데 사용하고 있고 문서가 2021년 이후에 발생한 일에 관한 것이라면 그 결과물의 신뢰도는 떨어진다. 이러한 경우 챗GPT를 사용하지 말아야 하거나 사용하는 경우 매우 자세한 지침을 제공해야 한다.

무섭게 도전하는
챗GPT 대안들

2023년 9가지 챗GPT 대안으로 무료 유챗(Youchat), 다이얼로
GPT(DialoGPT), 퍼플렉서치(Perplexity) 등이 있다. 인공지능 산업이 계
속해서 성장하고 발전함에 따라 챗GPT 대안의 수도 늘어날 것이다. 최첨
단 기술의 부상과 대화형 AI 챗봇에 대한 관심이 증가함에 따라 시장에서
챗GPT의 위치에 도전하는 훨씬 더 혁신적인 도구를 보게 될 것이라고 가
정하는 것이 안전하다.

챗GPT가 점점 더 복잡해지고 유료 버전이 제공되면서 보다
많은 대체 수단이 등장하기 시작했다.

오픈AI의 챗GPT는 출시 직후 하나의 현상이 되었다. 인간과 같은
반응을 생성하는 놀라운 능력은 모두를 매료시켰다. 그러나 한편으로
는 챗GPT가 그 자체의 인기로 인해 희생되었다. 현재는 컴퓨터 내 정
보 흐름량으로 인해 플랫폼을 사용할 수 없는 경우가 많다. 오픈AI는
네트워크 문제를 해결하기 위해 전력을 다해 대응했지만 여전히 많은
대체물이 있다.

그 결과 점점 더 많은 사람들이 비교 가능하거나 더 큰 가치를 제공할 수 있는 챗GPT 대안으로 이동하고 있다. 지금 바로 사용할 수 있는 챗GPT의 9가지 대체물은 다음과 같다.

1. 챗소닉(Chatsonic)

라이트소닉(Writesonic)의 챗소닉은 현재 존재하는 챗GPT의 최고의 대안이다. 챗소닉은 챗GPT와 유사하게 작동한다. 그러나 오픈AI의 챗봇과 관련된 한계를 효과적으로 극복한다. 구글 과 통합하고 관련성 있는 최신 응답을 생성할 수 있다.

또한 챗소닉은 DALL−E 또는 스테이블(Stable) 확산과 같은 인공지능 이미지 생성기 모델과 연결하여 요청한 대로 이미지를 생성할 수도 있다. 또한 챗소닉은 음성 명령과도 호환되며 긴 기사를 생성할 수 있다. 챗소닉의 유일한 단점은 매일 25번의 상호 작용만 허용한다는 것이다. 이로 인해 챗GPT를 아무런 제한 없이 사용하는 데 익숙한 사람들이 불만을 제기할 수 있다는 것이 약점이다.

기능

- 구글과의 간편한 통합: 사실에 입각한 트렌드 콘텐츠를 작성한다. 챗소닉은 '구글 검색'에 의해 훈련되고 구동되어 현재 이벤트 및 트렌드 주제에 대해 실시간으로 채팅할 수 있다.

- 현재 이슈가 되는 사건 및 트렌드에 대한 지식
- 음성 명령과의 호환성: 원하는 방식으로 음성 명령. 음성 명령을 이해하고 시리/구글 어시스턴트(Google Assistant)처럼 반응한다.
- 인공지능 예술 생성기와 통합: 인공지능 아트 생성. 소셜 미디어 게시물 및 디지털 캠페인을 위한 놀라운 디지털 AI 아트워크(Digital AI artwork)를 생성하는 데 도움이 된다.
- 모바일 앱 및 크롬(Crome) 확장 프로그램
- 16가지 페르소나 모드
- 가격: 챗소닉은 라이트소닉 구독으로 사용할 수 있다. 무료 요금제는 최대 6,250단어를 허용하며 유료 요금제는 생성되는 단어 수에 따라 월 19달러에서 999달러까지 다양하다.

2. 재스퍼 챗(Jasper Chat)

다음 목록은 재스퍼 챗이다. 재스퍼 챗은 챗GPT 대안으로서 특히 흥미로운 여러 고유 기능을 갖춘 AI 챗봇이다. 오픈AI의 봇과 마찬가지로 재스퍼 챗은 복잡한 지시 메시지에 응답하여 명확한 형식으로 표시할 수 있다. 이를 사용하여 시를 쓰거나 농담을 하도록 요청할 수 있다. 그러나 재스퍼 챗의 진정한 기능은 자세한 문서 작성에 있다고 할 수 있다.

챗GPT와 유사하게 재스퍼 챗도 2021년 여름까지의 사실과 데이터에 정통하다. 그러나 매우 직관적인 인터페이스와 길고 눈길을 끄는 콘텐츠를 생성하는 기능이 결합되어 챗GPT보다 앞서 나갈 가능성이 있다.

기능

· 2021년 여름까지의 틈새 및 고급 주제에 대한 광범위한 지식을 보유하고 있다. 재스퍼 챗은 2021년 중반 이전에 인터넷에 게시된 수십억 개의 기사, 포럼, 동영상 기록 및 콘텐츠를 통해 학습했다. 이를 통해 재스퍼 챗은 복잡한 주제에 대해 매우 세부적인 대화도 가능하다.

· 누구나 쉽게 접근할 수 있고 사용하기 쉬운 친숙한 디자인을 가지고 있다. 인공지능과의 상호 작용은 어렵고 부담스럽게 느껴질 수 있다. 그러나 재스퍼 챗의 대화형 AI 인터페이스는 일을 간단하고 재미있게 유지하면서 사람과 인공지능 사이의 장벽을 허물었다. 이제 누구나 일상 생활에서 인공지능을 효과적으로 사용하는 방법을 배울 수 있다.

· 재스퍼 챗은 더 나은 맥락을 제공하는 대화에서 이전에 말한 내용을 기억한다. 재스퍼 챗은 이야기 구성을 따라가며 사용자나 재스퍼 챗이 최근에 채팅에서 말한 정보를 참조하는 데 매우 능숙하다.

· 인공지능으로 빠르게 생성되는 유용하고 적용 가능한 고유의 콘텐츠를 만든다. 재스퍼 챗은 사용자에게 회신할 때 특정 소스에

서 지식을 가져오는 것이 아니라 독창적인 생각이나 관점을 제시하기 위해 10억 개의 데이터 포인트에서 관련 정보를 집계한다.

· 29개 언어로 콘텐츠를 생성한다. 재스퍼 챗이 29개 언어를 이해하므로, 모국어로 채팅한 다음 인공지능이 사용자의 언어로 응답하는 것을 볼 수 있다.

· 시 쓰기, 농담 말하기, 촌극 스크립트 만들기, 일일 별점 생성도 가능하다.

· 가격: 재스퍼 챗은 유료 비즈니스 요금제 및 보스 모드 가입자와 함께 사용할 수 있다. 보스 모드 플랜(Boss Mode Plan)은 월 49달러부터 시작한다. 안타깝게도 스타터 팩(Starter Pack)에서는 재스퍼 챗을 제공하지 않는다.

3. 유챗(YouChat)

주로 광범위한 데이터베이스와 지식을 위해 챗GPT를 사용했다면 유챗이 완벽한 챗GPT 대안이 될 수 있다. 다른 도구와 달리 유챗은 특정 질문에 대한 빠른 답변을 제공하는 데에만 집중한다. 따라서 빠른 정보 추출에 적합하다. 그리고 가장 좋은 점은 You.com 검색 엔진에서 정보를 가져와 관련성 있고 최신 세부 정보를 제공한다는 것이다.

유챗은 두 가지 측면에서 챗GPT를 능가한다. 유챗은 검색 색인과 통합되어 관련 답변을 제공한다. 사실 확인 및 참고를 위한 각주로 출처 웹사이트를 포함하고 있다. 또한 유챗은 웹 버전과 iOS 및 안드로이드(Android)용 모바일 앱으로 모두 사용할 수 있어 사용 편의성이 크게 향상되었다. 부수적으로 하나의 제품에서 AI 챗봇과 검색 엔진을 찾고 있다면 유챗이 가치 있는 옵션이 될 수 있다.

기능

- 검색 엔진 내에서 바로 사용 가능하다.
- 질문에 답하고 텍스트를 요약하며 번역 작업이 가능하다.
- 챗GPT와 유사한 코드를 작성할 수 있다.
- 인용 출처를 확인할 수 있다.
- 전 세계 누구와도 실시간으로 채팅이 가능하다.
- 한 번에 한 명 또는 여러 명의 친구와 채팅이 가능하다.
- 클립 아이콘을 클릭하면 친구들과 사진을 쉽게 공유할 수 있다.
- 가격: 유챗은 You.com 검색 엔진의 추가 기능으로 제공되며 무료로 사용할 수 있다.

4. 다이얼로GPT(DialoGPT)

마이크로소프트의 다이얼로GPT는 여러 면에서 챗GPT와 유사하다. 대화 응답 생성을 위해 명시적으로 설계된 대규모 사전 훈련된 모델이다. 따라서 챗GPT와 유사한 방식으로 대화를 유지하고 질문에 따라 선명한 응답을 제공할 수 있다. 덧붙여서, 다이얼로GPT는 레딧 (Reddit) 대화 스레드의 1억 4,700만 개의 대화와 유사한 교환에 대해 교육을 받았다. 다이얼로GPT는 허깅 페이스 파이토크(Hugging Face PyTorch) 변환기를 확장하여 단일 회전 대화 설정에서 자동 및 인간 평가 측면에서 모두 인간에 가까운 성능을 달성한다.

결과적으로 챗GPT의 실행 가능한 대안이 될 수 있다. 그러나 다이얼로GPT에 액세스할 수 있는 직접적인 인터페이스는 없다. 이를 사용하는 한 가지 방법은 텔레그램 봇(Telegrambot)을 만들어 다이얼로GPT와 통합하는 것이다.

기능

- 사람과 같은 텍스트 응답을 생성할 수 있다.
- 여러 언어를 지원한다.
- 장거리 종속성을 처리할 수 있다.
- 맥락과 상황을 이해하고 조건부 응답을 생성한다.
- Q&A, 요약 및 번역과 같은 NLP 작업을 수행할 수 있다.
- 복잡하고 개방적인 대화를 할 수 있다.
- 가격: 다이얼로GPT는 무료 라이선스로 사용할 수 있으며 저작권 및 라이선스 고지 사항만 보존하면 된다.

5. 퍼플렉서티(Perplexity)

스테로이드에 대한 챗GPT를 경험하고 싶다면 퍼플렉서티를 살펴보자. 챗GPT와 동일한 모델에서 작동한다. 그러나 라이벌과 달리 퍼플렉서티는 데이터에 의해 제한되지 않는다. 인터넷에 접속할 수 있다. 따라서 주어진 질문을 기반으로 가장 관련성 높은 정보를 제공할 수 있다.

퍼플렉서티는 학습 데이터를 기반으로 자체 제한 없이 챗GPT가 할 수 있는 모든 것을 나타낸다. 즉, 퍼플렉서티는 대화 측면보다는 주어진 프롬프트에 관한 정보를 가져오는 데 더 중점을 둔다.

기능

- 주어진 프롬프트에 정확한 답변을 제공한다.
- 인터넷에 접속할 수 있다.
- 최신 정보를 제공한다.
- 결과를 가져온 소스를 제공한다.
- 프롬프트를 더 세분화하고 더 정확한 응답을 받을 수 있도록 추가 제안을 제안한다.
- 가격: 퍼플렉서티는 무료로 사용할 수 있다.

6. 플레이그라운드(Playground)

챗GPT가 유행하기 전에 오픈AI의 GPT-3 모델을 테스트하기 위한 직관적인 플랫폼인 GPT-3 플레이그라운드(Playground)가 있었다. 즉, 챗GPT와 유사한 것을 원할 경우 GPT-3 플레이그라운드를 계속 사용할 수 있다. 가장 좋은 점은 오픈AI의 GPT-3 모델이 챗GPT의 GPT-3.5 모델보다 훨씬 더 철저하고 견고하다는 것이다.

기술적 지식이 있거나 고급 사용자인 경우 GPT-3 플레이그라운드는 챗GPT의 실행 가능한 대안이 될 수 있다. 챗GPT가 할 수 있는 일 등을 하도록 모양을 바꿀 수 있다. 마찬가지로 최대한의 입찰을 수행하도록 모델을 성형할 수 있는 수많은 사용자 지정 옵션이 있다.

기능

- 브레인스토밍 아이디어를 낼 수 있다.
- 번역 작업을 할 수 있다.
- 콘텐츠 아이디어를 생성한다.
- 텍스트를 제안한다.
- 퀴리(Curie), 배비지(Babbage), 다빈치(Davinci), 에이다(Ada)와 같은 여러 모델의 테스트를 허용한다.
- 가격: GPT-3 플레이그라운드의 가격은 사용하는 언어 모델에 따라 다르다. 1K 토큰당 0.0004달러에서 0.0200달러 사이이다.

7. 구글 람다(LaMDA)

챗GPT의 또 다른 탁월한 대안은 구글에서 개발한 람다이다. 이 람다는 챗GPT보다 더 강력한 것으로 널리 알려져 있다. 1,370억 개의 매개변수와 웹에서 공개적으로 사용 가능한 문서의 1.56조 단어에 대해 학습된다. 람다는 상황에 보다 적합하고 정확하게 인간과 유사한 응답을 생성한다. 구글의 람다 모델은 품질, 보안 및 근거에 따라 개선된다.

이러한 매개변수는 LaMDA가 정확하고 정확한 응답을 생성하도록 한다. 흥미롭게도 LaMDA는 챗GPT와 달리 개방형 대화를 진행할 수 있으며 대화 기반 상호작용에 더 능숙하다. 또한 후속 질문에 답할 수 있는 고유한 기능이 있어 챗GPT의 훌륭한 대안이 된다.

기능

- 광범위한 주제에 걸친 복잡한 요청에 대한 답변을 할 수 있다.
- 생성 및 분류 작업을 수행할 수 있다.
- 가장 정확하고 적절하며 안전한 응답을 생성한다.
- 개방형 대화를 할 수 있다.
- 특정 사용 사례에 맞게 미세 조정할 수 있다.
- 상황에 따라 일관된 응답을 생성한다.
- 가격: 구글 람다는 구글의 인공지능 테스트 키친(Test Kitchen) 사이트에서 시험사용해볼 수 있다. 그러나 람다 시험사용 승인을

받으려면 먼저 등록하고 대기자 명단에 가입해야 한다.

8. 친칠라 AI(Chinchilla AI)

친칠라 AI는 또 다른 강력한 챗GPT 대안으로 대부분의 분야에서 경쟁할 수 있고 일부에서는 챗GPT를 이길 수도 있다. 딥마인드에서 개발했으며 700억 개의 매개변수 컴퓨팅 최적화 모델을 기반으로 한다. 친칠라 AI는 BERT 및 GPT-3과 같은 변압기 모델에서 작동한다. MMLU 수학 데이터 세트에서 챗GPT를 능가했다.

친칠라 AI는 질문에 훌륭한 답변을 할 수 있어서 언어 모델의 교육 측면에 관심이 있는 사람들에게 이상적인 선택이 될 수 있다. 마찬가지로 친칠라 AI는 작문 작업, 검색 엔진 또는 예술 창작을 위한 완벽한 모델이 될 수 있다.

기능

- Gopher, GPT-3, Megatron-Turing NLG 및 Jurassic-1 모델에 비해 다운스트림(Downstream) 작업에 더 능숙하다.
- 미세 조정을 위해 훨씬 적은 계산이 필요하다.
- 다른 모델보다 정확하다.
- GPT-3보다 3배 더 크다.
- 챗봇, 가상 비서 등의 애플리케이션을 배포하는 데 사용할 수 있다.

9. 깃허브 코파일럿(GitHub Copilot)

챗GPT와 유사한 코드를 생성할 수 있는 인공지능 모델만 원하는 경우 깃허브 코파일럿을 사용할 수 있다. 코드 생성과 관련하여 최고의 챗GPT 대안이다. 챗GPT와 마찬가지로 깃허브 코파일럿도 오픈AI API를 기반으로 한다. 그러나 보다 세련된 프로그래밍 및 코드 생성 접근 방식이 필요하다.

즉, 깃허브 코파일럿에는 인터페이스가 없다. 대신 네오빔 (Neovim), 젯브레인스(JetBrains), 비주얼 스튜디오(Visual Studio), IDE 등과 같은 거의 모든 인기 있는 편집기에 확장으로 설치할 수 있다. 또한 깃허브 코파일럿은 파이썬(Python), 자바스크립트(JavaScript), 타이프스크립트(TypeScript), 루비(Ruby)를 비롯한 여러 프레임워크 (Framework)와 C# 및 C++ 등 프로그래밍(Programming) 언어를 지원한다. 깃허브 코파일럿을 사용하면 수동 코딩의 번거로움에 작별을 고하고 AI의 힘으로 기술을 최고 수준으로 끌어 올릴 수 있다.

기능

- 여러 언어로 된 프롬프트를 이해한다.
- 수십억 줄의 코드로 훈련되었다.
- 주어진 논리를 기반으로 코드를 빠르게 생성한다.
- 주어진 상황에 따라 유용한 인공지능 기반 제안을 제공한다.
- 가격: 깃허브 코파일럿은 두 가지 요금제를 제공한다. 개인용 코

파일럿 요금제는 월 10달러이고 비즈니스용 코파일럿 요금제는 사용자당 월 19달러이다.

하나의 도구가 중심 역할을 차지하면 똑같이 직관적일 수 있는 다른 도구를 간과하기 쉽다. 챗GPT도 비슷한 경우가 있으며 여전히 여러 면에서 독특하지만 소수의 다른 도구가 유사한 기능을 제공한다는 사실을 부인할 수 없다. 챗소닉과 재스퍼 챗은 모두 챗GPT 대안으로 사용할 수 있는 훌륭한 AI 도구이다. 이러한 대안은 AI 산업에서도 주목을 받고 있으며 AI 툴킷을 확장하려는 경우 살펴볼 가치가 있다.

인공지능 산업이 계속해서 성장하고 발전함에 따라 챗GPT 대안의 수도 늘어날 것이다. 최첨단 기술의 부상과 대화형 AI 챗봇에 대한 관심이 증가함에 따라 시장에서 챗GPT의 위치에 도전하는 훨씬 더 혁신적인 도구를 보게 될 것이라고 가정하는 것이 안전하다. 따라서 하나의 도구에만 만족해서는 안 된다. 인공지능의 세계로 뛰어들어 우리를 기다리고 있는 혁신적이고 사용자 친화적인 챗GPT 대안을 발견해보자!

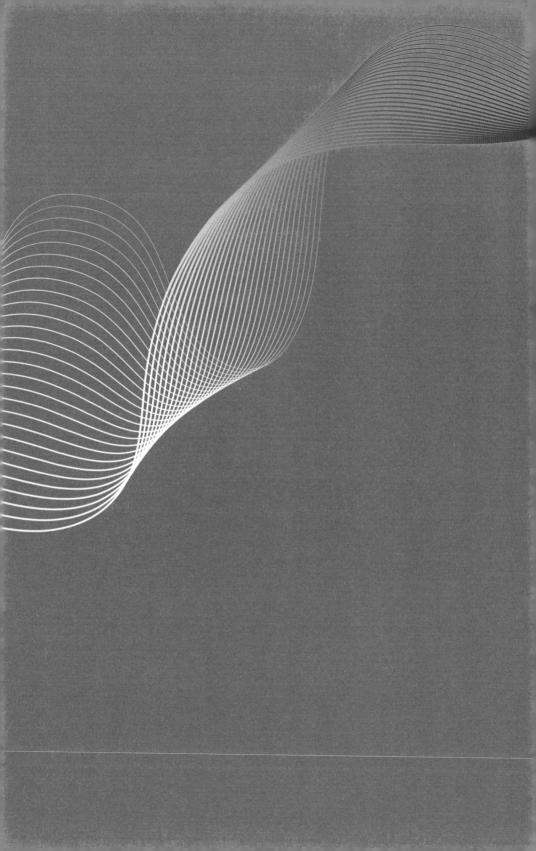

PART 2

챗GPT가 바꿀
미래 산업 트렌드

AI는 어떻게
산업을 바꾸는가

인공지능에 대한 산업의 영향은 기술의 미래를 개선하고 있다. 기계가 동물과 인간에게서 볼 수 있는 종류의 지능을 복제할 수 있는지에 대한 질문은 거의 컴퓨터 과학 분야만큼 오래되었다.

미래를 재구성할 수 있는 인공지능의 막대한 잠재력에 최근 몇 년 동안 업계에서 막대한 투자가 이루어졌다. 그러나 이 신흥 기술에 힘을 실어주는 기초 연구에서 민간 기업의 영향력이 커짐에 따라 그것이 발전하는 방식에 심각한 영향을 미칠 수 있다고 관련 연구자들은 말한다.

기계가 동물과 인간에게서 볼 수 있는 종류의 지능을 복제할 수 있는지에 대한 질문은 거의 컴퓨터 과학 분야만큼 오래되었다. 이러한 연구에 대한 기업들의 참여는 수십 년 동안 변화무쌍하게 이루어졌다.

이에 따라 관련 투자가 이루어지기도 하고 기술이 기대에 부응하지 못함에 따라 다시 철회되기도 하면서 인공지능의 시련기가 이어져왔다.

그러나 지난 10년의 전환기에 심층학습의 출현하였다. 이로 인해 민간 기업의 지속적인 관심과 투자가 이어질 수 있었고, 이제 진정으로 판도를 바꾸는 일부 인공지능 제품의 생산이 이루어지기 시작했다. 사이언스(Science)의 새로운 분석에 따르면 기업이 점점 더 인공지능 연구를 주도하며 지배적인 위치를 차지해나가고 있다.

이러한 기업의 인공지능 연구 주도는 양날의 칼이 될 수 있다. 인류에게 가장 큰 잠재력이나 혜택이 있는 영역보다는 민간 기업이 관심을 갖는 영역에 연구가 집중되는 현상을 낳을 수 있다. 또한 기업은 자본, 컴퓨팅 리소스, 방대한 양의 데이터를 통해 인류 전체를 위한 혜택보다는 스스로를 위해서만 엄청난 이익을 추구하게 될 수 있다.

일반적으로 기업의 상업적 동기는 수익 지향적인 주제에 초점을 맞춘다. 그리고 그러한 인센티브가 공익에 부합하는 결과를 낳을 때도 있지만 항상 그런 것은 아니다. 이러한 산업 투자가 소비자에게 이익이 되겠지만, 이에 수반되는 연구 우위는 중요한 인공지능 도구에 대한 공익적 대안이 점점 부족해질 수 있음을 의미하기 때문에 전 세계 정책 입안자들에게 고민거리가 되어야 한다.

인공지능 연구에서 업계의 발자취가 최근 몇 년 동안 극적으로 증가했음을 보여준다. 2000년에는 주요 인공지능 컨퍼런스 프레젠테이션의 22%만이 민간 기업의 공동 저자를 한 명 이상 포함했지만 2020년에는 38%에 달했다. 그러나 그 영향은 현장의 최첨단에서 가장 분명하게 느껴진다.

　심층학습의 발전은 훨씬 더 큰 모델의 개발에 의해 상당 부분 주도되었다. 2010년에 인공지능 산업은 가장 큰 인공지능 모델의 11%만 차지했지만 2021년에는 96%에 달했다. 이는 이미지 인식과 언어 모델링과 같은 분야에서 주요 벤치마크에 대한 지배력이 증가하는 것과 일치한다. 업계에서 선두 모델에 대한 참여는 2017년 62%에서 2020년 91%로 증가했다.

　이러한 변화의 주요 원인은 민간 부문이 공공 기관에 비해 훨씬 더 많은 투자를 할 수 있기 때문이다. 국방비를 제외하고 미국 정부는 2021년 인공지능 지출에 15억 달러를 할당했다. 이는 그해 전 세계 산업계의 지출 3,400억 달러와 비교된다.

　이러한 추가 자금은 컴퓨팅 성능과 데이터 액세스 측면에서 훨씬 더 나은 리소스와 최고의 인재를 유치할 수 있는 능력으로 해석된다. 인공지능 모델의 크기는 사용 가능한 데이터 및 컴퓨팅 리소스의 양과 밀접한 관련이 있으며 2021년 산업 모델은 평균적으로 학술 모델보다 29배 더 컸다.

　그리고 2004년에는 인공지능을 전문으로 하는 컴퓨터 과학 박사의 21%만이 산업계에 진출했지만 2020년에는 거의 70%로 뛰어올랐다. 인공지능 전문가가 대학 밖의 민간 기업에 고용된 비율도 2006년 이후 8배 증가했다.

　오픈AI는 민간 부문의 재원 없이 최첨단 인공지능 연구를 수행하는 것이 점점 더 어려워지는 지표라 할 수 있다. 2019년 이 회사는 컴퓨팅과 인재에 대한 투자를 빠르게 늘리기 위해 비영리에서 영리를 목적으로 하는 조직으로 전환했다.

이러한 투자는 인공지능 기술을 실험실에서 벗어나 사람들의 삶을 개선할 수 있는 일상 제품으로 끌어오는 데 도움이 되고 있다. 또한 텐서플로(TensorFlow) 및 파이토치(PyTorch)와 같은 소프트웨어 패키지와 점점 더 강력해지는 인공지능 워크로드에 맞춤화된 컴퓨터 칩과 같이 업계와 학계에서 모두 사용하는 귀중한 도구의 개발로 이어졌다.

한편으로 인공지능 관련 회사들은 후원자나 기타 이해관계자들에게 잠재적인 상업적 이익이 있는 영역에 집중하도록 인공지능 연구를 추진하고 있기도 하다. 여기에서 결코 놓치지 말아야 할 것은 거대 기술 회사들이 인공지능에 대해 자신들과 이해관계자들의 이익을 위해 상업적 비용 계산을 하여 기술 개발에 접근하는 방식이다. 인공지능 연구의 방향을 업계에서 설정함에 따라 명확한 이익적 동기 없이는 인공지능과 사회적으로 유익한 다른 응용 프로그램에 대한 경쟁 접근 방식을 무시하게 될 수 있다.

인공지능이 사회 전반에 걸쳐 매우 광범위하게 적용될 수 있음을 고려한다면, 그러한 상황은 소수의 기술 회사에게 사회의 방향성에 대한 엄청난 힘을 부여하게 될 것이다.

일부 전문가들은 민간 부문과 공공 부문 사이의 격차를 좁힐 수 있는 방법에 대한 모델이 있다고 말하기도 한다. 미국은 공공 연구 클라우드와 공공 데이터 세트로 구성된 국가 인공지능 연구 자원의 생성을 제안했다. 중국은 최근 '국가 컴퓨팅파워 네트워크 시스템'을 승인했다. 캐

나다의 어드밴스트 리서치 컴퓨팅(Advanced Research Computing) 플랫폼은 거의 10년 동안 운영되어 왔다.

그러나 그 무엇보다도 정책입안자들의 관여 없이는 학계가 산업 모델을 적절하게 해석하고 비판하거나 공익적 대안을 제시할 수 없다. 학계에서 인공지능 연구의 최전선을 계속 형성할 수 있는 능력을 갖추도록 하는 것이 전 세계 정부의 최우선 과제가 되어야 할 것이다.

번역 산업,
언어 장벽을 무너뜨린다?

챗GPT가 번역 산업에 혁명을 일으키고 있는가? 아직은 아니다. AI 챗봇
이 진정한 사람의 번역을 할 수 있으려면 갈 길이 멀다. 그러나 향후 접근
성과 경제성이 개선될 수 있다.

챗GPT 번역의 이점

챗GPT가 번역 산업에 더 나은 방향으로 영향을 미칠 것이라는 데
는 의심의 여지가 없다. 업계에서 일하는 번역가와 언어학자를 필요로
하는 기업에 이 기술이 제공할 두 가지 핵심 이점은 다음과 같다.

1. 빠른 번역 속도

번역에 있어서 챗GPT의 가장 큰 이점은 속도이다. 사람의 번역은

프로젝트의 복잡성과 길이에 따라 완료하는 데 몇 시간 또는 며칠이 걸릴 수 있다. 이에 비해 챗GPT 번역은 전체 웹사이트나 책을 번역하는 경우에도 불과 몇 초 만에 사용자에게 결과를 보여준다.

이러한 속도는 번역이 필요한 사람과 해당 업계에서 일하는 언어학자에게 도움이 된다. 소비자는 번역된 콘텐츠를 신속하게 얻을 수 있으므로 시간에 민감한 문서나 국제 비즈니스 진행을 계획하는 회사에 큰 도움이 된다. 또한 전문 번역가는 더 많은 프로젝트를 수행하고 빠듯한 마감일을 쉽게 맞출 수 있다.

2. 접근성 향상

챗GPT 덕분에 누구나 번역에 더 쉽게 접근할 수 있다. 이는 주로 전문 언어에 대한 번역 서비스의 경제성이 개선되었기 때문이다. 챗GPT는 번역 프로세스의 속도를 크게 높여 번역가가 각 프로젝트에 소요하는 시간을 줄여 비용을 절감한다.

많은 사람들이 번역을 위해 전문 번역 에이전시 대신 챗GPT를 이용할 수 있다. 이 기술은 현재 사용 가능한 가장 진보된 번역 도구이다. 또한 완전 무료이며 모든 사람에게 열려 있다. 전문 서비스의 도움을 구하는 대신 예산이 부족한 사람들은 온라인에서 챗GPT 3를 사용하여 사람과 같은 번역을 무료로 받을 수 있다.

챗GPT 번역의 문제점

현재의 기계 번역 도구는 언어의 미묘함을 포착할 수 없기 때문에 정확한 번역에는 지속적으로 인간의 전문성이 필요하다. 그러나 인간과 같은 대화 능력을 갖춘 챗GPT 번역이 전문적인 표준이 될까? 이것은 백만 달러짜리 질문이다. 굳이 답변을 하자면, 소프트웨어 개발 팀에 따르면 그렇다! 이 소프트웨어는 기계 학습을 사용하여 사람과 유사한 콘텐츠를 생성하는 자연어 처리(NLP) 기술이다. 그러나 의심할 여지없이 번역가에게는 귀중한 도구이지만 번역을 위해 이 기술에만 의존할 경우 다음과 같은 몇 가지 문제가 발생할 것으로 예상된다.

1. 규제가 엄격한 산업에 부적합

챗GPT 개발자는 챗GPT가 법률 또는 의료 번역과 같이 정확성이 중요한 산업에서 특히 유용할 수 있다고 주장한다.

의학 및 법률과 같이 규제가 엄격한 산업에서는 복잡한 용어를 사용하며 종종 엄격한 형식 지침을 준수해야 한다. 이러한 지침은 국제적으로 다르며 필요한 콘텐츠의 레이아웃을 완전히 변경할 수 있다. 결과적으로 콘텐츠는 종종 외국 규제 기관 및 청중에게 적합하도록 광범위한 적응이 필요하다.

이러한 이유로 규제가 엄격한 산업에 대한 번역은 제대로 하기가 가장 어렵다. 챗GPT는 필요한 모든 조정을 할 수 있는 지식이 없다. 또한 이러한 유형의 번역은 그 실수가 재정적·법적 영향을 미칠 수 있으므로 위험이 높다. 온라인에 너무 많은 것이 있기 때문에 기계보다 숙련된 전문가를 신뢰하는 것이 가장 좋다.

2. 데이터 및 개인 정보 위험

챗GPT 번역을 사용할 때 가장 우려되는 점은 개인정보 보호와 관련이 있다. 챗GPT-3 온라인은 오픈 소스 챗봇(Open source chatbot)이다. 즉, 방법을 아는 사람이라면 누구나 코드에 액세스하고 수정할 수 있다. 이것은 소프트웨어를 사용하는 모든 사람에게 상당한 보안 위험을 초래한다.

해커는 코드를 편집하고 이를 사용하여 소프트웨어 사용자에 대한 사이버 공격을 수행할 수 있다. 또한 기밀 업무 및 고객 정보에 액세스할 수 있는 장치에 악성 소프트웨어(Malware)를 퍼뜨리는 데 사용할 수 있다. 이는 자신의 데이터를 위험에 빠뜨릴 뿐만 아니라 고객 개인 정보 침해로 인해 비즈니스 평판을 파괴할 수 있다.

전문 번역 서비스를 이용한다면 개인정보 보호와 관련해서 걱정이 없을 것이다. 모든 번역 에이전시에는 양 당사자를 보호하기 위한 자체 개인정보 보호 규칙이 있다. 또한 귀하의 데이터를 판매하거나 공유하는 것이 금지되어 번역의 기밀과 보안을 보장한다.

챗GPT를 사용하여 번역을 개선하려면 어떻게 해야 할까?

챗GPT 번역은 전문 번역가의 작업에 적합하지 않지만 기술을 효과적으로 활용할 수 있다. 실제로 인간 번역가의 힘과 결합하면 놀라운 결과를 얻을 수 있다.

- 전문 번역가가 유리하게 시작할 수 있도록 몇 초 안에 초기 번역을 생성한다. 전문 언어학자는 인공지능이 제작한 버전을 수정하고 조정하여 품질 높은 번역을 신속하게 생성할 수 있다.
- 동일한 내용을 짧은 버전과 긴 버전으로 제작한다. 번역가는 소프트웨어에 번역 내용을 넣고 특정 문자 수와 단어 길이 제한을 설정할 수 있다. 이는 형식화 측면에서 매우 유용하다.
- 전문 서비스를 사용할 수 없는 틈새 언어나 잘 쓰지 않는 사어에 대한 번역도 할 수 있다. 그러나 챗GPT가 액세스할 수 있는 정보 소스에 따라 이러한 번역의 정확성이 의심스러울 수 있다.

지능형 디지털 비서가
금융 업무를 처리한다

지능형 디지털 비서(IDA)로 진화하고 있다. IDA는 고객의 재무 기록 및 행동 패턴에 대한 지식으로 사전 교육을 받았기 때문에 특정 고객 요구 사항을 해결하기 위해 활용할 수 있는 경험, 언어 및 용어에 대한 보다 포괄적인 대화 기반을 제공한다. 사실상 은행은 직원을 직접 지원하기 위해 점점 더 많은 대화형 인공지능 기술을 배포하고 있다. 사실상 챗봇을 팀의 구성원으로 만든다.

2023년은 은행이 '챗봇의 해'로 변화한다. 수년 동안 전문가와 미래학자들이 인공지능이 은행에 얼마나 파괴적인 영향을 미칠 것인지에 대해 이야기해왔다. 2023년은 마침내 은행 경영진이 이러한 논의를 실행으로 옮기는 해가 될 것이다.

2023년이 챗봇이나 대화형 인공지능의 해가 될 중요한 세 가지 이유는 다음과 같다.

1) 디지털 서비스 개선의 필요성, 2) 직원 경험을 개선할 필요성, 3) 은행의 챗BPT(ChatBPT) 시험 수행

진화하는 디지털 서비스 니즈 – 챗봇

디지털 서비스에서 이전에 챗봇을 사용해 봤다면 그 경험은 끔찍할 것이다. 그러나 소비자 연구는 그러한 경험에 반하는 견해를 내놓고 있다. 코너스톤 어드바이저스(Cornerstone Advisors)의 연구에 따르면 모바일 뱅킹 경험에 대한 소비자의 긍정 평가는 디지털 비서가 있는 은행이 그렇지 않은 은행보다 더 높다.

그러나 모든 챗봇이 똑같이 생성되는 것은 아니다. 챗봇은 지능형 디지털 어시스턴트(IDA)로 '진화'하고 있다.

챗봇과 IDA라는 용어는 종종 같은 의미로 사용되지만 챗봇은 일반적으로 일반적인 FAQ로 일상적인 작업을 수행할 수 있는 규칙 기반 시스템이다. IDA는 사용자의 요구 사항을 충족하기 위해 다양한 작업을 수행하면서 세련된 대화를 위한 맥락을 이해하고 유지하는 데 도움이 되는 자연어 이해 기능을 완벽하게 갖추고 있다.

지능형 디지털 어시스턴트는 다음을 통해 우수한 서비스를 제공한다.

- 대화하기: 기본 챗봇은 제한된 스크립트 및 FAQ 라이브러리에서 가져온다. 이 접근 방식은 미리 결정된 응답에 대한 간단한 경로만 제공한다. 이와는 대조적으로 IDA는 고객의 재무 기록 및 행동 패턴에 대한 지식으로 사전 교육을 받았기 때문에 특정 고객 요구 사항을 해결하기 위해 활용할 수 있는 경험, 언어 및 용어에

대해 보다 포괄적인 대화 기반을 제공한다.

- **조언 및 해결하기:** 은행 챗봇의 주요 역할은 소비자의 기본 거래 질문을 신속하게 해결하거나 사람의 개입으로 옮기는 것이다. 이러한 제한은 가끔 불완전한 문제 해결과 높은 고객 포기율로 이어진다. 반면에 IDA는 고객과 함께 걸을 수 있고 특정 금융 여정에서 주어진 정보에 근거하여 다음 단계를 추천할 수 있는 박식한 은행가 역할을 한다.

챗봇은 관계를 유지하고 성장시킬 수 있는 많은 능력 없이 지원 격차를 메운다. IDA는 대화 기술, 심층 데이터 라이브러리 및 인공지능 기반 사용 패턴 분석을 사용하여 고객이 무엇을 요구하는지 이해하고 고객이 원하는 것을 안내하는 동시에 다른 참여 옵션을 탐색하도록 권장할 수 있다.

대화형 인공지능으로 직원 근무 환경 개선

오늘날 많은 소비자가 다른 사람과 거래하는 것을 선호하면서 챗봇 사용을 거부할 것이라는 것은 사실이다. 하지만 최근에 은행 지점에 가본 적이 있거나 은행 문의 센터에 전화한 적이 있는가? 코너스톤 어드바이저스에 따르면 은행 10곳 중 8곳은 신규 직원 채용에 어려움을 겪고 있다. 해당 은행이 직원을 채용하여 업무가 가능하도록 교육을 시키고 은행 상품 및 프로세스 관련 속도를 높이는 데 오랜 시간이 걸린다.

챗봇은 직원을 위한 것이며 신입 직원이라고 생각하면 된다. 직원들은 종종 고객 요청에 응답하는 방법을 알아내기 위해 다른 직원에게 도움을 요청하지만 원하는 답변을 얻지 못할 때 어떻게 할까? 은행은 직원을 직접 지원하기 위해 점점 더 대화형 인공지능 기술을 배포하고 있다. 사실상 챗봇을 '팀의 구성원'이 되는 것이다. 챗봇 또는 지능형 디지털 비서를 팀 구성원으로 만드는 것은 새로운 인간 직원을 팀에 데려오는 것과 비슷하다. 누군가(실제 사람)를 조직에 고용한다면 그 사람의 성공을 보장하기 위해 무엇을 할 수 있는가? 직원 교육 계획을 세우고 그 사람을 최고의 관리자 중 한 명에게 보고하도록 지정하고 그 사람이 관리 수준으로 올라가는 과정에서 담당하기를 원하는 역할과 직책의 유형을 식별하기 위해 다년간의 전문성 개발 계획을 수립한다. 챗봇도 지능형 디지털 비서가 되기 위해서는 연습이 필요하고 일정한 여정이 필요하다.

은행은 챗GPT로 실험할 것이다. CIO(최고 정보 책임자)와 CTO(최고 기술 책임자)에게 챗GPT 방법에 대한 아이디어를 경영진에 다시 보고하도록 지시하지 않는 은행 및 신용 조합 CEO(최고경영자)는 직무 태만이다.

최근 발표된 오픈AI의 대화형 인공지능 도구는 포스트 말론(Post Malone) 스타일로 시를 작성하는 데 탁월하지만, 이 도구는 은행 업무에서 더 일상적으로 사용된다. 최근 링크드인(LinkedIn) 게시물에서 사우스스테이트 뱅크(SouthState Bank)의 자본 시장 이사인 크리스 니콜스(Chris Nichols)는 은행에서 챗GPT를 사용하는 15가지 사례를 확인했다. 가장 인기 있는 것은 다음과 같다.

- **코드 생성**: 챗GPT는 모든 오픈 소스 코드를 분석하고 코드 라이브러리를 합성하여 코드 캡슐을 생성할 수 있다. 사우스스테이트 뱅크의 프로그래머는 챗GPT에 다음을 요청했다. 1) 파이썬 코드를 작성하여 이번 달 지출 그래프를 생성한다. 2) 파일에 있는 이메일 주소와 일치하는 C+ 코드를 작성한다. 3) 은행 웹사이트에 대한 설문 조사를 생성하는 자바(Java) 코드를 작성한다.
- **제품 디자인**: 니콜스는 챗GPT의 능력 중 하나가 특정 고객(예: 의사, 퇴직자, CEO 또는 엔지니어)를 맡는 것이라고 지적한다. 챗GPT는 은행에 다음과 같이 알릴 수 있다. 1) 지방 자치 단체의 관리자에게 재무 관리 서비스를 제공하는 방법, 2) 변호사가 은행이 당좌 예금 계좌를 보류했다는 알림을 받는 방법.
- **법적 계약**: 챗GPT는 법적 계약을 작성하고 분석하는 데 익숙하지 않을 수 있다. 은행은 정보 반환, 장소, 비자동 갱신, 규제 요청에 대한 누락된 조항을 삽입하기 위해 도구를 사용하고 있다. 초안 계약서의 기타 항목을 사용하여 법률 팀의 시간을 크게 절약할 수 있다.

대화형 AI는 뱅킹의 기초 기술이다. 대화형 AI는 고객 및 직원 지원을 제공하는 것뿐만 아니라 데이터 수집의 필요성 때문에 경쟁력 있는 필수 기술, 즉 기본 기술이 되었다.

인간의 상호 작용을 통해 수집된 데이터를 코드화하고 저장하려는 시도는 불완전하다. 또한 일반적으로 데이터를 활용할 수 있는 다른 애플리케이션에 액세스하기도 어렵고 분석하기도 힘들다. 그러나 챗봇 상호 작용에서 수집한 데이터는 이러한 단점을 극복할 수 있다. 금융 기관은 이 디지털 보조 기술을 판매 및 서비스 전략뿐만 아니라 데이터 관리 전략의 일부로 만들어야 한다.

보험 산업의 변화

보험사를 위한 인공지능 지원 디지털 플랫폼인 COVU는 보험사가 운영, 고객 서비스 및 교차 판매 기회를 간소화할 수 있도록 생성 인공지능 도구를 사용하는 방향으로 업계가 변화하고 있다는 경영진 예측을 발표했다. 이 보험 플랫폼은 보험 업계의 베테랑인 알리 사파비(Ali Safavi)와 타소스 채치미카일리디스(Tasos Chatzimichailidis)에 의해 독립 보험 대리인과 보험사가 인공지능 기반 정책 추천, 비즈니스 서비스 및 영업 지원을 통해 위험을 더 잘 관리하고 더 현명한 보험 결정을 내릴 수 있도록 돕는 것을 목표로 설립되었다.

COVU에 따르면 챗GPT와 같은 생성 인공지능 도구는 보험 산업의 디지털 전환에서 중요한 역할을 하게 된다. 인슈어테크(InsurTech)의 보험, 금융 및 기술 혁신가 팀은 오픈AI가 구축한 챗GPT와 같은 인공지능 도구가 향후 보험 산업의 디지털 변혁의 한 요소가 될 것이라고 믿는다. COVU는 이러한 도구가 고객 서비스 비용을 최대 30%까지 절감할 수 있는 잠재력이 있어 보험 기관에서 수백만 달러를 절약할 수 있다고 말한다.

인공지능 도구 사용을 추가하면 에이전트는 관리 작업에 소요되는 시간을 줄이고 대상 마케팅 활동을 강화하며 더 많은 영업 기회를 신속하게 발견할 수 있다. 인공지능 및 기계 학습(ML)을 기반으로 하는 오픈AI의 플랫폼은 문서 처리 및 고객 세분화와 같은 일상적인 작업을 자동화하여 개인화된 고객 상담 제공, 새로운 제안을 통한 고객 관계 강화, 비즈니스 성장과 같은 고부가가치 활동에 중요한 시간을 할애할 수 있다.

또한 이 기술은 데이터 및 고객 행동 패턴에 대한 전례 없는 액세스를 제공하여 에이전트가 실시간 데이터 및 분석을 기반으로 빠른 결정을 내릴 수 있도록 한다.

챗GPT는 교육 현장에 '창의성' 을 더 요구한다

챗GPT와 같은 AI 도구가 교육의 미래에 어떤 영향을 미칠까? 교육자들은 AI가 교육을 바꿀 것이라고 말하지만 정확히 어떻게 될지는 아직 불확실하다.

플로리다주 주피터에 있는 주피터 고등학교의 AP 영어 교사인 릴리안 길버트(Lillian Gilbert)는 수업 시간에이미 챗GPT를 사용해보았다. 그녀는 학생들이 논증 프롬프트에 대한 챗GPT의 응답을 분석하고 인공지능이 생성한 답변 중 취약하고 보다 정교함이 필요한 부분을 설명하도록 했다.

인공지능에 대해 우려스러운 부분이 있기는 하지만, 릴리안 길버트는 세상이 진화하고 있고 챗GPT가 놀라운 학습 도구가 될 수 있다고 생각한다. 그녀는 자신과 같은 교사에게는 챗GPT와 같은 인공지능 프로그램을 수용하는 것이 필수적이라고 믿고 있다.

AI 기술이 학생들에게 어떻게 도움이 되는가?

챗GPT를 둘러싼 가장 큰 두려움은 학문적 부정직함이었지만, '속임수'의 정의는 우리가 생각하는 것만큼 항상 명확한 것은 아니라고 텍사스 A&M 대학교의 교수이자 경제학 학부 프로그램 책임자인 조나단 미어(Jonathan Meer) 박사는 말한다.

교육 경제학을 연구하는 작업의 일환으로 챗GPT의 개발을 면밀히 추적해 온 미어 박사는 이미 주간 경제학 숙제를 완료하기 위해 챗봇을 사용하려는 학생을 적발했으며, 이를 부적절한 도구 사용이라고 생각했다. 그러나 그는 교수의 승인과 지도하에 일부 학생들이 이 기술을 적절하게 사용할 수 있다고 보고 있다. 친구가 에세이를 읽고 제안하는 것이나 작문 센터에 가서 개인교사가 단락을 재구성하는 방법을 보여 주는 것, 컴퓨터에 온라인 무료 문서작성 앱을 설치하는 것 또는 GPT를 사용하는 것 사이의 경계는 어디일까? 여기에는 특별한 규칙이 없다. 상황에 따라 다르다.

챗GPT는 학생들의 작업을 보완하거나 대체할 수 있으며 교육자들은 과제가 존재한다는 사실을 알고 과제를 구성하는 방법에 대해 창의력을 발휘해야 할 것이다.

법학 교수이자 사우스캐롤라이나 대학교 예술과학 대학 학장인 조엘 사무엘스(Joel Samuels J.D.)는 챗GPT와 같은 제품의 출현이 교육자, 학부모, 학생들 모두에게 미치는 영향에 대해 공개적으로 말한다.

그에 따르면, 자녀와 함께 책을 읽거나 영화를 볼 때 수동적이 될 수 있다. 이 경우 책이나 TV 쇼가 이야기를 설정하도록 내버려 두거나 그 순간을 자녀와 연결할 기회로 사용할 수 있다. '왜 그 캐릭터가 담배를 피웠다고 생각하세요?'라고 물을 수 있다. 또는 '그들이 왜 그렇게 반응했다고 생각하나요?' 같은 방식으로 이것이 우리가 미디어나 다른 영역에 대해 할 수 있거나 해야 하는 모든 기술에 대해 아이들과 관계를 맺을 수 있는 기회이다.

챗GPT는 부모가 자녀에게 무엇이 중요한지, 교육의 진정한 목적에 대해 이야기할 수 있는 계기가 될 수 있다. 자녀 세대는 부모 세대보다 기술 분야에서 몇 광년 더 앞서 있다. 아이들은 정직성, 학업, 기타 많은 것들에 대해 개방적이며, 챗GPT는 아이들의 성격 발달에 점점 중요해지고 있다. 우리는 부모로서, 어른으로서 자녀에게 도덕성과 그들이 분석적 사상가가 아닐 때 발생하는 결과에 대해 가르쳐야 한다. 우리 아이들의 미래를 위해서 아이들에게 정직과 결과, 책임감 있게 기술 도구를 사용하는 방법에 대한 교육이 이루어져야 한다.

로봇 공학, 빅데이터, AI가 차세대 전쟁을 이끈다

챗GPT는 인간을 이해하고 대응하며 상호 작용할 수 있는 능력을 통해 군사 정보 및 의사 결정을 크게 개선할 수 있는 잠재력을 가지고 있다.

기본 자연어 모델과 챗GPT를 지원하는 기술은 전장에서 인공지능을 혁신할 수 있는 엄청난 잠재력을 가지고 있다. 최근 C4ISRNET에서 보고한 바와 같이 챗GPT와 같은 생성 인공지능 기술이 DISA(국방정보시스템국) 감시 목록에 추가되었다.

인공지능의 힘은 모든 영역에 걸쳐 방위 산업의 모든 수준에서 발휘되고 있다. 미국과 그 동맹국들은 미 국방부의 제3차 상쇄 전략(Third Offset Strategy)에서 "로봇 공학, 자율성, 빅 데이터 및 산업과의 협력 증가와 함께 인공지능의 급속한 발전이 차세대 전쟁을 정의할 것이다."라고 밝혔다.

군사 정보 및 의사 결정 강화

챗GPT는 변압기 기반 인공지능 언어 모델로, 인터넷의 방대한 텍스트 데이터 세트에서 훈련되어 사람과 같은 텍스트를 생성할 수 있다. 이 고유한 기능 덕분에 현실적인 시나리오 생성, 개체 간 대화 시뮬레이션(Simulation), 인텔리전스(Intelligence) 통찰력 제공과 같은 군사 응용 프로그램에 이상적인 도구이다. 챗GPT는 인간을 이해하고 대응하며 상호 작용할 수 있는 능력을 통해 군사 정보 및 의사 결정을 크게 개선할 수 있는 잠재력을 가지고 있다.

거친 군사 환경의 요구 사항 충족: 기술적 견고성의 중요성

지구상에서 가장 엄격한 환경에서 인공지능을 안정적으로 전투에 배치하려면 특수 하드웨어가 필요하다. 고성능 에지 컴퓨팅은 배포된 AI 임무 성공에 매우 중요하다. 대역폭이 제한되고 통신 성능이 저하된 경쟁 환경에서 작동하면 클라우드 기반 컴퓨팅 및 인공지능을 전술적으로 사용하는 것이 부담이 된다. 컴퓨팅 처리 기능은 인공지능 기반 애플리케이션에 요구되는 짧은 대기 시간과 실시간에 가까운 속도를 보장하기 위해 온프레미스에 상주해야 한다.

이러한 요구 사항을 충족하려면 극한의 온도, 충격 및 진동을 처리할 수 있는 견고한 컴퓨팅 플랫폼에 인공지능을 배포해야 한다. 먼지와 물의 침투 및 전자기 간섭(EMI)으로부터 보호되어야 한다. 또한 이러한 플랫폼은 특히 군사 작전의 중요한 맥락에서 인공지능 시스템의 안정성과 보안을 보장하도록 설계되어야 한다.

기술 탐색: 챗GPT 배포를 위한 컴퓨팅 요구 사항 이해

챗GPT 모델을 교육하고 배포하기 위한 컴퓨팅 요구 사항은 중요하며 많은 양의 데이터를 처리하고 복잡한 알고리즘을 처리할 수 있는 강력한 컴퓨팅 플랫폼이 필요하다.

참고로 변환기 기반의 대규모 언어 모델인 BLOOM(Big Science Language Open-science Open-access Multilingual)에는 챗GPT가 실행되는 GPT-3보다 10억 개 더 많은 1,760억 개의 매개변수가 포함되어 있다. 이 모델은 약 700GB이며 컨테이너의 GPU 메모리에서 로드해야 한다. 이 모델을 실행하기 위한 권장 구성은 8개의 NVIDIA A100 80GB GPU이다. 이는 엄청난 양의 컴퓨터 사양이다.

전투에서 챗GPT 유형의 기능을 배포하려면 NVIDIA Jetson AGX Orin 통합 Kite-Strike II 임무 컴퓨터와 같은 임베디드 인공지능 기술을 활용하는 임무별 매개변수를 사용하여 대규모 컴퓨팅 서버에서

훈련하고 견고한 에지(Edge) 시스템에 배포할 수 있는 맞춤형 모델이
필요하다.

군사 인공지능의 미래: 차세대 작전을 위한 과정 계획

　군사 인공지능 작전에 챗GPT를 배치하면 다양한 영역에서 군사 작
전 능력을 크게 향상시킬 수 있다. 현실적인 시나리오를 생성하고, 대
화를 시뮬레이션하고, 인텔리전스 통찰력을 제공함으로써 챗GPT는
군인이 다양한 애플리케이션을 통해 정보에 입각한 효과적인 결정을
내릴 수 있도록 도와준다. 특히 기존 내비게이션 시스템이 신뢰할 수
없는 GPS 방해 및 거부 환경에서 전장에서 챗GPT와 유사한 기능을
사용할 수 있는 많은 잠재적 사용 사례가 있다. 그 몇 가지 예는 다음과
같다.

- **실시간 전장 번역:** 챗GPT 기반 인공지능 기술은 군인에게 실시간
  번역 서비스를 제공하여 다양한 국적의 군인 간의 원활한 커뮤니
  케이션을 가능하게 한다.
- **빠르고 정확한 위협 평가:** 고위험 상황에서 챗GPT 기반 인공지능은
  여러 소스에서 방대한 양의 데이터를 분석하여 신속하고 정확한
  위협 평가를 제공하여 군 지도자가 정보에 입각한 결정을 내릴
  수 있도록 지원한다.

- **임무 계획 및 실행**: 챗GPT는 실시간 정보 및 지침을 제공하여 군인이 임무를 계획하고 실행하는 데 도움을 줄 수 있다. 예를 들어 군대가 잠재적인 위험과 위협을 식별 및 방지하고 대체 경로와 전략을 권장하는 데 도움이 될 수 있다.
- **통신 및 조정**: GPS 방해 및 거부 환경에서 챗GPT는 전통적인 통신 시스템이 없는 경우에도 군인이 효과적으로 통신하고 조정하도록 도울 수 있다. 예를 들어 아군과 적군의 상태에 대한 업데이트를 부대에 제공하고 서로 다른 부대 간의 실시간 통신을 용이하게 할 수 있다.
- **전술적 의사 결정 지원**: 챗GPT는 적의 위치, 이동 및 능력은 물론 아군의 강점과 약점에 대한 실시간 정보를 제공하여 전술적 상황에서 군사 의사 결정자를 지원할 수 있다.
- **효율적인 물류 관리**: 챗GPT는 운송 경로, 공급망 및 기타 물류 관련 정보를 분석하여 비효율성을 식별하고 리소스 할당을 최적화함으로써 물류 관리를 지원할 수 있다.
- **향상된 상황 인식**: 챗GPT는 군용 차량, 무인 항공기 및 기타 시스템에 통합되어 향상된 상황 인식 및 의사 결정 지원을 실시간으로 제공할 수 있다. 인공지능 시스템은 다양한 센서 및 소스에서 들어오는 데이터를 분석하여 운영 환경에 대한 포괄적이고 최신 정보를 제공할 수 있다.

자연어 모델에서 훈련되고 견고한 에지 컴퓨터에 배포된 인공지능 기반 챗봇은 다중 도메인 환경에서 중요한 역할을 할 수 있다. 전장의 모든 영역에서 작전을 효과적으로 조정하는 데 필요한 실시간 정보 및 의사 결정 지원 도구를 병사들에게 제공한다.

여행자들이 여행사이며
자기만의 여정을 만든다

이 기술을 여행 플랫폼에 통합하면 여행자를 위한 검색 결과를 매우 개인
화할 수 있으며 개방형의 유연한 검색 옵션을 제공한다.

여행에서 챗GPT의 또 다른 실제 기회는 여행 계획이다. 여행자가 이를 사용하여 여행 일정을 만들거나 여행을 위한 최고의 호텔을 식별하고 인공지능이 이러한 추천을 여행 플랫폼의 여행 보드에 자동으로 추가할 수 있다. 그렇다면 챗GPT 및 기타 생성 인공지능 챗봇이 여행 산업에 어떤 의미가 있을까? 여행업계 전문가들의 현장 경험 이야기를 통해 챗GPT의 활용에 대해 생생히 확인할 수 있다.

챗GPT의 최근 혁신은 실제 문제를 해결하기 위한 기술에 대한 엄

청난 기회가 여전히 존재한다는 것을 보여준다. 오랫동안 인공지능은 사용 사례를 찾는 기술로 접근해 왔으며 경제 상황이 기술 리더에게 AI 통합에 대한 실제 투자 수익을 입증해야 한다는 압력을 가함에 따라 이러한 추세가 전환되는 것을 보기 시작했다. 이 때문에 기술 회사는 데이터 기반 개인화 솔루션에서 가치를 보고 있으며 챗GPT는 이러한 요구를 충족한다. 더 복잡하고 구체적인 문제를 해결하기 위해 리소스를 할당하는 데 드는 시간과 비용을 절약할 수 있다.

인공지능이 챗GPT가 더욱 정교하게 만들 수 있는 개인화된 경험의 새로운 시대를 열었다. 인공지능 도구는 피드를 제공하기 위해 많은 데이터 세트가 필요하며 우리 플랫폼은 방대하다. 우리는 연간 60억 개의 인공지능 예측을 지원하는 70페타바이트 이상의 데이터를 보유하고 있다. 대규모 데이터 세트가 이미 있는 상태에서 이 기술을 당사 플랫폼에 통합하면 여행자를 위한 검색 결과를 매우 개인화할 수 있으며 개방형의 유연한 검색 옵션을 제공한다는 당사의 비전을 뒷받침할 수 있다.

대화 기능은 지난 10년 동안 많은 발전을 이루었지만 여행자의 선호도를 이해하고 예측하도록 챗봇을 교육함으로써 대화 기능을 개선할 수 있는 큰 기회가 여전히 있다. 단 몇 년 만에 당사 플랫폼은 2,900만 건 이상의 가상 대화를 지원해 상담원 시간을 800만 시간 이상 절약하여 여행자가 셀프 서비스를 통해 문제를 더 빠르게 해결할 수 있도록 했다.

– 라제시 나이두(Rajesh Naidu)/익스피디아 그룹(Expedia Group) 수석 부사장 겸 수석 설계자

챗GPT는 출시 당시 모든 사람의 관심을 끌었지만 이 기술은 아직 상대적으로 초기 단계에 있다. 이미 재미 있고 창의적인 것부터 눈에 띄게 부정확한 것까지 다양한 반응으로 의견을 나누고 있다. 그 효능이 발전하면 몇 가지 흥미로운 잠재적 사용 사례가 있으며, 모든 신흥 기술과 빠르게 성장하는 기술과 마찬가지로 특히 고객 경험에 가치를 추가하는 경우 잠재적으로 탐색할 것이다.

마케팅은 과학과 예술이 결합될 때 가장 빛을 발한다. 우리는 기술, 데이터, 그리고 그것들이 우리를 인도할 수 있는 엄격함과 정밀함을 기대하지만 우리 전문가들의 창의성과 직감에 대해서는 여전히 할 말이 많다. 챗GPT와 같은 것이 인간의 본능을 진정으로 모방할 수 있는지 여부를 말하기에는 너무 이르다. 그래서 지금은 관심을 가지고 지켜보고 있지만 곧 우리 작업에 영향을 줄 것으로 기대하는 것은 아니다.

우리는 기술 자체를 위해 실험하지 않는다. 기술은 고객 문제를 적극적으로 해결하고, 마찰을 제거하고, 모든 사람이 세상을 더 쉽게 경험할 수 있도록 해야 한다. 그렇지 않으면 우리가 시간과 에너지를 소비하는 것이 아니다. 즉, 기계 학습과 인공지능은 이미 Booking.com 고객 여정의 상당 부분을 차지하고 있으며 이러한 혁신은 여행 경험의 모든 측면을 원활하게 연결하는 길을 계속해서 열어갈 것이다. 여행자가 같은 언어를 사용하지 않는 숙소 호스트 및 렌트카 제공업체와 막바지 계획 변경을 더 쉽게 직접 협상할 수 있도록 해주는 인공지능 기반 즉석 번역 서비스부터 호스트에게 지연 도착에 대해 자동으로 알리는 기계학습 모델에 이르기까지 지연된 비행으로 해변 별장으로 이동하는 동안, 기술은 기교와 능동성을 증가시켜 도로에서 예상치 못한 충돌을 계속해서 완화할 것이다.

– 아르얀 다이크(Arjan Dijk)/북킹닷컴(Booking.com) 수석 부사장 겸 최고 마케팅 책임자

인공지능은 놀라운 일을 할 수 있으며 챗GPT는 그 좋은 예이다. 여행의 경우 고객 서비스, 여행 계획 및 개인화된 고객 경험 측면에서 몇 가지 흥미로운 사용 사례가 있다. 예를 들어 여행사에서 고객 피드백을 분석하고 추세나 패턴을 식별하여 고객 감정에 대한 귀중한 통찰력과 개인화 기회를 제공하는 데 도움이 될 수 있다.

우리는 챗GPT를 인공지능이 대화형으로 나아가는 환상적인 예라고 생각하지만 이미 인공지능으로 많은 일을 하고 있다. 예를 들어 소전(Sojern)은 당사 플랫폼 내에서 AI를 활용하여 사용자를 위한 마케팅 성과 및 개인화를 주도한다. 요컨대, 우리는 방대한 양의 여행 검색 및 예약 데이터를 처리한 다음 이를 향후 여행 검색 및 예약 행동을 예측하는 데 사용할 수 있는 사용자 행동 모델로 추출한다. 고객의 성공과 지속적인 성장에 힘을 실어주는 것이다. 우리는 여행자가 이전에 예약한 것을 기반으로 관련 정보를 여행자에게 제공할 수 있다. 이러한 수준의 개인화는 데이터를 이해하는 기본 인공지능 없이는 불가능하다.

챗GPT의 경우, 나는 이 기술이 궁극적으로 인터넷 전체뿐만 아니라 브랜드 자체 콘텐츠와 함께 사용되어 질문에 답하기 위해 브랜

드가 훈련하고 맞춤화할 수 있다고 믿는다.

– 데이브 고울덴(Dave Goulden)/소전(Sojern) 제품 부사장

AI와 기계학습으로
우주 탐사가 확대된다

인공지능과 기계 학습은 이미 다양한 산업에서 매우 유용한 것으로 입증
되었으며, 이제 과학자와 연구자들은 우주 탐사 분야에서 이러한 기술의
잠재력을 탐구하기 시작했다. 우주 탐사에서 AI 및 기계 학습의 현재 상태
를 살펴보고 이러한 기술이 미래에 테이블에 가져올 수 있는 가능성을 탐
색해 본다.

오늘날 우주 탐사에서 인공지능과 기계학습이 사용되는 주
요 방법 중 하나는 대량의 데이터를 처리하고 분석하는 데 도움을 주는
것이다. 예를 들어 과학자와 연구원은 기계 학습 알고리즘을 사용하여
망원경 및 기타 장비의 데이터를 분석하여 패턴을 식별하고 기존 분석
방법으로는 불가능했던 우주에 대한 예측을 수행하도록 돕는다. 또한
인공지능은 우주선을 제어 및 모니터링하고 지구로 다시 전송되는 데
이터를 처리하고 해석하는 데 사용된다.

인공지능이 우주 탐사에 사용되는 또 다른 방법은 우주 임무의 효율

성과 정확성을 개선하는 것이다. 예를 들어 기계 학습 알고리즘은 우주선의 궤적을 최적화하여 더 빠르고 효율적으로 이동할 수 있도록 한다. 또한 AI는 우주선이 여행 중에 직면할 수 있는 잠재적인 장애물이나 위험을 식별하는 데 도움이 될 수 있으므로 과학자들이 이러한 문제를 미리 계획하고 준비할 수 있다. 그러나 우주 탐사에서 인공지능의 가장 흥미로운 응용 프로그램 중 하나는 이러한 기술이 새로운 행성, 별 및 은하를 발견하는 데 도움이 될 수 있는 잠재력이다. 예를 들어 기계 학습 알고리즘을 사용하여 망원경 및 기타 기기의 데이터에서 패턴을 식별하여 과학자가 육안으로는 볼 수 없는 새로운 천체를 식별하는 데 도움을 줄 수 있다. 또한 AI를 사용하여 우주선에서 수집한 데이터를 분석하여 우주에 대한 새로운 현상과 통찰력을 식별하는 데 도움을 줄 수 있다.

오픈AI의 GPT(Generative Pre-trained Transformer) 언어 모델인 챗GPT는 현재 사용 중인 가장 진보된 인공지능 시스템 중 하나이다. 인간과 유사한 텍스트를 생성하는 기능으로 언어 번역, 질문 응답, 심지어는 창의적 글쓰기와 같은 다양한 분야에서 사용되었다. 우주 탐사의 맥락에서 챗GPT는 대량의 데이터를 분석하고 우주의 다양한 측면에 대한 통찰력과 예측을 제공하는 데 사용할 수 있다. 예를 들어 우주 탐사선과 망원경의 데이터를 분석하는 데 사용할 수 있어 과학자들이 새로운 천체를 식별하고 우주를 더 잘 이해하는 데 도움이 된다.

이전 응답에서 언급한 응용 프로그램 외에도 인공지능과 기계 학습을 우주 탐사에 사용하여 우주 임무의 안전성과 신뢰성을 향상시킬 수 있다. 예를 들어 인공지능을 사용하여 우주선 구성 요소의 상태와 성능을 모니터링하고 문제가 발생하면 미션 컨트롤에 경고할 수 있다. 이를 통해 비용이 많이 들고 위험한 오작동을 방지하여 우주 임무의 성공과 안전을 보장할 수 있다.

우주 탐사의 또 다른 중요한 측면은 연료, 식량 및 물과 같은 한정된 자원을 효율적으로 사용할 필요성이다. 인공지능은 이러한 자원의 사용을 최적화하고 낭비를 최소화함으로써 여기에서도 중요한 역할을 할 수 있다. 예를 들어 인공지능을 사용하여 우주선의 연료와 물 소비량을 모니터링하고 임무 기간 동안 공급품이 지속되도록 조정할 수 있다.

태양계 너머의 우주 탐사 측면에서 인공지능은 다른 항성계에 대한 임무를 계획하고 실행하는 데에도 사용할 수 있다. 먼 거리가 관련되어 있으므로 사용 가능한 리소스를 효율적으로 사용하고 우주선과 승무원에 대한 위험을 최소화하는 것이 필수적이다. 인공지능은 우주선의 궤적을 계획하고, 연료 및 기타 자원의 사용을 최적화하고, 우주선이 여행하는 동안 상태와 성능을 모니터링하는 데 사용할 수 있다.

우주 탐사에서 인공지능과 기계 학습은 자율 우주 임무에도 적용될 수 있어 유인 임무와 관련된 비용과 위험을 줄일 수 있다. 자율 우주선은 AI 알고리즘을 사용하여 결정을 내리고 작업을 완료하며 장애물을 피하면서 독립적으로 작동하도록 설계와 프로그래밍을 할 수 있다. 예를 들어 AI는 우주선에서 로봇 팔의 움직임을 제어하는 데 사용할 수 있어 사람의 개입 없이 유지 보수 작업을 할 수 있다.

우주 탐사에서 인공지능의 또 다른 중요한 적용은 다른 행성과 달의 표면을 횡단하고 지질과 대기 조건에 대한 데이터를 수집할 수 있는 스마트 로버(Smart Rover)의 개발이다. 인공지능을 사용하여 이러한 로버의 움직임을 제어하여 험난한 지형을 탐색하고 장애물을 피할 수 있다. 또한 인공지능 알고리즘을 사용하여 로버가 수집한 데이터를 분석하여 과학자들이 다른 행성과 달의 구성과 역사를 이해하도록 도울 수 있다.

미래의 화성 임무 측면에서 인공지능은 붉은 행성에서 지속 가능한 인류의 존재를 확립하는 데 중요한 역할을 할 수 있다. 인공지능은 공기 및 물 여과와 같은 생명 유지 시스템의 작동을 제어하고 우주 비행사의 건강을 모니터링하는 데 사용할 수 있다. 또한 인공지능은 자원 사용을 최적화하고 화성에서 과거 또는 현재 생명체의 증거를 찾는 것과 같은 과학적 임무를 계획하고 실행하는 데 사용할 수 있다.

태양계 너머의 우주 탐사 측면에서 인공지능은 다른 별을 공전하는 태양계 외부의 행성인 외계 행성을 검색하는 데에도 사용할 수 있다. 인공지능 알고리즘을 사용하여 망원경 및 기타 장비의 데이터를 분석하여 과학자들이 외계 행성을 식별하고 크기, 질량 및 대기 구성과 같은 특성을 결정하는 데 도움을 줄 수 있다. 이 정보는 미래의 임무를 가장 유망한 외계 행성계로 안내하고 생명의 흔적을 찾는 데 사용할 수 있다.

결론적으로 인공지능과 기계 학습은 우주 탐사에서 점점 더 중요한 역할을 수행하여 현장에 새로운 기능과 효율성을 제공할 준비가 되어 있다. 이러한 기술은 대량의 데이터를 처리 및 분석하고, 임무를 최적화하고, 우주 임무의 안전성과 신뢰성을 개선하고, 자율 우주선과 로버를 제어하고, 외계 행성과 생명의 징후를 찾는 데 사용할 수 있다. 인공지능과 기계 학습의 급속한 발전으로 우리는 우주 탐사의 미래에 흥미로운 새로운 응용 프로그램과 발견을 기대할 수 있다.

CHATGPT **8**

농업,
생산성과 수익성을 높여준다

챗GPT를 농업 산업에 통합하면 농부들에게 귀중한 통찰력과 지원을 제공할 수 있는 잠재력이 있다. 이를 통해 작물 수확량을 늘리고 작물 손실을 줄이며 궁극적으로 농업 산업의 수익성을 개선할 수 있다.

농업 분야에서 챗GPT라고도 하는 GPT-3는 농부들에게 가치 있는 통찰력과 지원을 제공함으로써 업계를 혁신할 수 있는 잠재력을 가지고 있다.

다음은 챗GPT가 농업에서 어떻게 사용될 수 있는지에 대한 몇 가지 예이다.

언어 모델이 농업에 도움이 되는 방법

- **전문가 조언 제공:** 챗GPT는 토양 상태, 날씨 패턴 및 해충 방제에 대한 정보를 포함하여 방대한 양의 농업 데이터에 대해 교육을 받을 수 있다. 이를 통해 농민에게 작물을 최적화하는 방법에 대한 개인화된 권장 사항과 조언을 제공할 수 있다.

  챗GPT는 특정 농장의 특정 토양 및 기후 조건을 인식하도록 훈련될 수 있다. 이를 통해 토양의 영양 수준 및 지역 날씨 패턴과 같은 요소를 고려하여 해당 농장에 가장 적합한 작물에 대한 맞춤형 권장 사항을 제공할 수 있다.

- **작물 수확량 개선:** 챗GPT는 농부가 특정 토양 및 기후 조건에 가장 적합한 작물을 식별하도록 도울 수 있다. 이것은 성공적인 수확의 기회를 증가시키고 궁극적으로 수확량을 향상시킬 수 있다.

- **해충 방제:** 챗GPT는 농부들에게 가장 효과적인 살충제를 식별하고 적용 방법에 대한 조언을 제공하는 등 해충을 방제하는 방법에 대한 귀중한 정보를 제공할 수 있다. 이를 통해 농부들은 농작물을 보호하고 수익성을 높일 수 있다. 해충 방제는 농작물에 심각한 피해를 입히고 수확량을 감소시킬 수 있기 때문에 농업의 중요한 측면이다.

  오픈AI에서 제공하는 것과 같은 언어 모델은 농업 산업에서 해충 방제를 혁신할 수 있는 잠재력을 가지고 있다. 모델이 해충 방제를 지원할 수 있는 주요 방법 중 하나는 농민에게 사용할 가장 효과적인 살충제에 대한 귀중한 정보를 제공하는 것이다.

여기에는 살충제가 효과적인 특정 해충에 대한 정보와 가장 효과적인 방식으로 살충제를 적용하는 방법이 포함될 수 있다. 챗GPT와 같은 도구는 특정 지역의 해충 활동에 대한 실시간 업데이트를 제공할 수 있다. 이를 통해 농부들은 해충이 심각한 피해를 입히기 전에 예방 조치를 취하고 농작물을 보호할 수 있다.

또한 챗GPT는 농민에게 특정 작물 및 기후 조건에 대한 최상의 해충 방제 전략에 대한 개인화된 권장 사항을 제공할 수 있다. 이것은 농부들이 해충 방제 노력을 최적화하고 궁극적으로 생산성을 높이는 데 도움이 될 수 있다. 농부들에게 귀중한 통찰력과 도움을 제공한다.

- **질병 식별:** 챗GPT는 다양한 식물 질병의 증상을 인식하도록 훈련될 수 있다. 이를 통해 농부들은 질병이 퍼지기 전에 식별하고 치료하여 작물 손실을 줄이고 생산성을 높일 수 있다.

챗GPT는 특정 식물 질병의 특정 증상을 인식하도록 훈련될 수 있다. 여기에는 식물의 색상이나 질감의 변화와 같은 시각적 단서뿐만 아니라 식물의 성장률 감소 또는 해충에 대한 저항력 감소와 같은 행동 변화가 포함될 수 있다. 식물 질병이 확인되면 이 모델은 농부들에게 최상의 치료 옵션에 대한 개인화된 권장 사항을 제공할 수 있다.

여기에는 질병을 통제하기 위한 가장 효과적인 살충제 또는 기타 방법에 대한 정보와 가장 효과적인 방식으로 치료법을 적용하는 방법에 대한 조언이 포함될 수 있다. 또한 챗GPT와 같은 모델은 특정 지역의 질병 확산에 대한 실시간 업데이트를 제공할 수 있다. 이를 통해 농부들은 질병이 심각한 피해를 입히기 전에 예방 조치를 취하고 농작물을 보호할 수 있다. 전반적으로 언어 모델을 식물 질병의 식별과 치료에 통합하면 농민에게 귀중한 통찰력과 지원을 제공할 수 있는 잠재력이 있다. 이것은 질병의 확산을 막고 궁극적으로 농업 산업의 생산성을 높이는 데 도움이 될 수 있다.

건축과 설계의 세계를 혁신한다

챗GPT 및 기타 인공지능 플랫폼은 건축 및 디자인의 세계를 혁신한다. 전반적으로 모든 형태의 인공지능은 건축가와 설계자에게 기회이자 도전 과제이다. 챗GPT 기술은 건축가와 디자이너가 기술에 접근하는 방식을 혁신하여 기회와 도전을 모두 제공할 수 있는 잠재력을 가지고 있다.

건축가와 디자이너를 위한 챗GPT의 이점

최신 기술과 그것이 건축가와 설계자의 작업에 어떤 영향을 미칠 수 있는지에 대한 최신 정보를 유지하는 것은 필수적이다. 인공지능 세계에서 흥미로운 발전 중 하나는 챗GPT이다. 이 기술은 건축가와 디자이너가 기술에 접근하는 방식을 혁신하여 기회와 도전을 모두 제공할 수 있는 잠재력을 가지고 있다.

챗GPT는 챗봇 애플리케이션을 위해 특별히 설계된 인기 있는 언어 생성 모델 GPT의 변형이다. 대화 기록의 대규모 데이터 세트에 대해 훈련되었으며 주어진 입력에 대해 사람과 같은 응답을 생성할 수 있다.

GPT 모델은 일관되고 다양한 텍스트를 생성하기 위해 비지도 학습 및 변환기 아키텍처를 포함한 기술의 조합을 사용한다. 챗GPT는 대화 역학에 대한 지식과 주어진 상황에 적절하게 응답하는 기능을 통합하여 이를 한 단계 더 발전시킨다.

챗GPT가 잠재적으로 건축가와 설계자를 돕기 위해 사용될 수 있는 몇 가지 방법은 다음과 같다.

- **프로젝트에 대한 설명 및 사양 생성:** 챗GPT를 사용하여 건축 및 설계 프로젝트에 대한 자세한 설명 및 사양을 생성할 수 있다. 예를 들어 재료 목록, 기술 도면 및 기타 관련 문서를 생성하는 데 사용할 수 있다.

- 제안 및 프리젠테이션 작성: 챗GPT를 사용하여 건축 및 설계 프로젝트에 대한 제안 및 프리젠테이션을 생성할 수 있다. 프로젝트 이면의 설계 개념과 아이디어는 물론 설계의 이점과 기능을 설명하는 텍스트를 생성하는 데 사용할 수 있다.
- 정보 조사 및 수집: 챗GPT를 사용하여 건축 및 설계와 관련된 다양한 주제에 대한 정보를 수집하고 종합할 수 있다. 예를 들어, 건축 자재, 건축 방법 또는 설계 트렌드를 연구하는 데 사용할 수 있다.

디자인 산업에서 AI의 과제

챗GPT와 디자인에 특화된 다른 형태의 인공지능도 설계자와 디자이너에게 잠재적인 문제를 제시한다는 점을 인식하는 것이 중요하다. 설계 프로세스에서 인공지능이 널리 보급됨에 따라 결국 인간 설계자를 완전히 대체할 수 있는 위험이 있다. 많은 사람들이 이것이 가능성이 없으며 확실히 먼 길이라고 주장한다. 그럼에도 불구하고 프로젝트의 세부 사항을 기반으로 확인하고 변경하려면 고도로 훈련된 전문가의 인적 입력이 필요하다.

이로 인해 일자리가 바뀌고 전통적인 디자인 기술에 대한 수요가 감소할 수 있다. AI는 구축 환경의 진화에서 우리의 능력을 확장하고 우리가 가능하다고 생각했던 것 이상으로 나아가도록 도울 수 있다. 건축가와 설계자는 최신 기술을 최신 상태로 유지하고 직업 시장에서 경쟁력을 유지하기 위해 기술을 계속 개발하는 것이 중요하다.

건축가나 설계자의 역할과 기술은 종이와 화판의 시대 이후 지난 40년 동안 이미 극적으로 변했다. 기술, 자동화 및 디지털화는 건축가의 비전이 세상을 형성하는 디자인으로 변환되는 방식을 완전히 변화시켰다. 건축은 다른 많은 직업보다 지속적으로 기술 발전에 의해 주도되어 왔으며, 이것은 창작 과정에 영향을 미칠 뿐만 아니라 사용된 재료도 전통 및 고대 건축 방법에 비해 훨씬 더 진화했다.

건축가 및 설계자를 위한 기타 AI 플랫폼 및 기술

챗GPT 외에도 자동화, 디자인, 동영상 제작, 마케팅, 카피라이팅 등을 위한 솔루션을 제공하는 다양한 인공지능 플랫폼 및 기술이 있다. 다음은 이와 관련된 몇 가지 예이다.

- 디스크립트(Descript)는 사용자가 모든 오디오 파일을 텍스트로 보고 편집할 수 있는 세계 최초의 오디오 워드 프로세서이다. 디스크립트는 현재 맥(Mac) 앱과 인력 기반 전사 서비스를 제공한다.
- 재스퍼 AI(Jasper AI)는 기업이 마케팅 활동을 자동화하고 최적화할 수 있도록 설계된 인공지능 플랫폼이다. 기계 학습 알고리즘을 사용하여 고객 데이터를 분석하고 성공 가능성이 더 높은 맞

춤형 마케팅 캠페인을 만든다.

- 캔바(Canva)는 인공지능을 사용하여 사용자가 전문가 수준의 디자인을 쉽고 빠르게 만들 수 있도록 지원하는 그래픽 디자인 플랫폼이다. 소셜 미디어 그래픽에서 명함에 이르기까지 모든 것을 만들기 위한 다양한 템플릿과 도구를 제공하므로 모든 기술 수준의 설계자에게 강력한 도구가 된다.
- 라이트소닉(WriteSonic)은 자연어 처리를 사용하여 사용자가 웹사이트, 마케팅 자료 및 기타 콘텐츠에 대한 고품질 사본을 만들 수 있도록 지원하는 인공지능 플랫폼이다. 키워드 최적화, 어조 분석, 표절 감지 등 다양한 기능을 제공하여 사용자가 매력적이고 효과적인 카피를 만들 수 있도록 도와준다.
- DALL·E 2는 자연어로 된 설명에서 사실적인 이미지와 예술을 만들 수 있는 새로운 인공지능 시스템이다. 이것은 챗GPT, 오픈 AI의 제작자가 만든 것이다.

이는 설계, 건설 및 목재 산업의 전문가가 작업을 간소화하고 더 나은 결과를 생성하는 데 사용할 수 있는 많은 인공지능 플랫폼과 기술의 몇 가지 예시일뿐이다. 인공지능 분야가 계속 발전함에 따라 앞으로 더욱 강력하고 정교한 도구가 등장할 가능성이 높다. 이것은 빠르게 움직이고 있다. 전반적으로 모든 형태의 인공지능은 건축가와 설계자에게 기회이자 도전 과제이다. 이러한 기술은 설계 프로세스를 간소화하고 효율성을 개선하는 데 도움이 될 수 있지만 이 분야의 전문가가 최신 상태를 유지하고 변화하는 직업 시장과 직업 전체에서 관련성을 유지하는 것이 중요하다.

건설 산업에서 AI 사용이 계속 증가함에 따라 건축가와 설계자를 포함한 우리 모두가 기술을 수용하고 고객과 우리 자신에게 이익이 되는 방식으로 작업에 통합하는 방법을 찾는 것이 중요할 것이다.

물류 혁신,
고객 만족도를 높인다

챗GPT와 같은 언어 모델과 챗봇은 물류 산업을 혁신할 수 있는 잠재력을
가지고 있다. 즉각적이고 정확한 정보를 제공하고 커뮤니케이션을 간소
화함으로써 챗GPT는 물류 회사가 효율성을 개선하고 고객 만족도를 높
이며 비용을 절감하도록 도울 수 있다.

챗GPT는 물류 산업을 혁신한다. 물류 회사를 위한 챗GPT
의 주요 이점 중 하나는 고객에게 즉각적이고 정확한 정보를 제공할 수
있다는 것이다. 챗GPT를 통해 고객은 배송 시간, 추적 정보 및 기타
물류 관련 질문에 대해 질문하고 즉각적인 응답을 받을 수 있다. 이는
고객에게 필요한 정보를 적시에 제공함으로써 고객 서비스 문의를 줄
이고 고객 만족도를 높이는 데 도움이 될 수 있다.

물류 회사를 위한 챗GPT의 또 다른 이점은 커뮤니케이션을 간소화
하는 기능이다. 물류 산업에서는 고객, 물류 제공자, 창고 등 다양한

당사자 간의 커뮤니케이션이 필수적이다. 챗GPT를 통해 물류 회사는 이 통신을 자동화하여 사람의 개입 필요성을 줄이고 오류 위험을 최소화할 수 있다. 이를 통해 효율성을 개선하고 비용을 절감하며 생산성을 높일 수 있다.

챗GPT는 배송 추적 및 모니터링과 같은 일상적인 작업을 자동화하는 데에도 사용할 수 있다. 배송 상태에 대한 실시간 업데이트를 제공함으로써 챗GPT는 물류 회사가 문제를 보다 빠르고 효율적으로 식별하고 해결할 수 있도록 도울 수 있다. 이는 전체 배송 프로세스를 개선하고 고객 불만 수를 줄이는 데 도움이 될 수 있다.

또한 챗GPT를 사용하여 주문 프로세스를 자동화할 수 있다. 고객은 챗GPT를 사용하여 주문하고, 배송을 추적하고, 주문에 대한 실시간 업데이트를 받을 수 있다. 이는 물류 회사의 업무량을 줄이는 데 도움이 될 뿐만 아니라 보다 편리한 주문 프로세스를 제공하여 고객 만족도를 향상시킬 수 있다.

마지막으로 챗GPT를 사용하여 데이터를 분석하고 물류 운영에 대한 통찰력을 제공할 수 있다. 배송 시간, 배송 경로 및 기타 물류 관련 업무에 대한 데이터를 분석함으로써 챗GPT는 물류 회사가 개선이 필요한 영역을 식별하고 운영을 최적화하는 데 도움을 줄 수 있다. 이는 비용 절감, 효율성 향상, 생산성 향상 등에 도움이 될 수 있다.

결론적으로 챗GPT는 물류 산업에 다양한 이점을 제공할 수 있다. 즉각적이고 정확한 정보를 제공하고 커뮤니케이션을 간소화하며 일상적인 작업을 자동화하고 물류 운영에 대한 통찰력을 제공함으로써 챗GPT는 물류 회사가 효율성을 개선하고 고객 만족도를 높이며 비용을 절감하도록 도울 수 있다. 물류 산업에서 자동화 및 인공지능에 대한 추세가 증가함에 따라 챗GPT는 물류 회사가 경쟁력을 유지하고 수익을 개선하는 데 도움이 되는 강력한 도구이다.

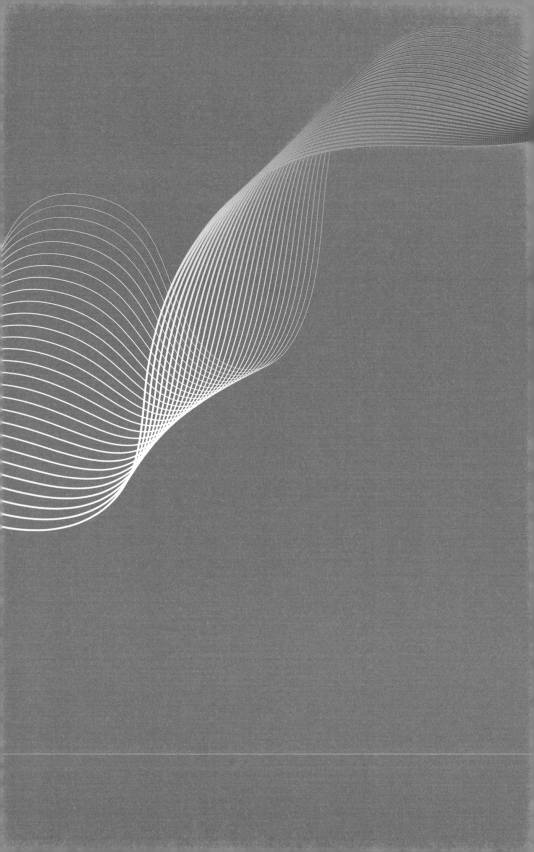

PART 3

챗GPT가
화이트칼라를
대체한다

AI가 바꾸는
직업의 미래와 인재

인공지능은 우리의 직업을 없애는 것이 아니라 우리의 직무 책임을 없애고 우리를 더 잘 살게 해준다. 여러 영역에 대한 전문성과 깊이, 폭넓은 분야에 대한 관심과 열정, 호기심을 가진 사람들이 바로 다음 시대를 지배하게 된다.

인공지능에 대한 과대광고는 수년 동안 구축되어 왔으며 오픈AI의 최근 챗GPT(현재 GPT-4) 출시로 정점에 도달했다고 말할 수 있다. 챗GPT가 1억 명의 사용자에 도달하는 데 단 2개월이 걸렸고 역사상 가장 빠르게 성장하는 소비자 애플리케이션이 되었다. 인스타그램(Instagram)은 동일한 사용자 기반을 확보하는 데 2년 반이 걸렸고 틱톡(TikTok)은 9개월이 걸렸다.

그러나 이안 베아크래프트(Ian Beacraft)에 따르면 우리거 가트너 하이프 사이클(Gartner Hype Cycle)에서 부풀려진 기대치의 정점보다 훨씬 높은 인공지능 과장된 버블에 있다. 우리가 보고 있는 인공지능 도구는 실제로 우리가 일하고 배우고 가치를 창출하는 방식을 점검할 수 있는 힘을 가지고 있기 때문에 정당화될 수 있다.

베아크래프트는 전략 예측 기관인 시그널 앤 치퍼(Signal & Cipher)의 창립자이자 가상 세계를 디자인하는 프로덕션 스튜디오의 공동 소유주이다. 지난 주 사우스 바이 사우스웨스트(South by Southwest)에서 열린 대담에서 그는 인공지능이 앞으로 수십 년 동안 사회를 어떻게 형성할 것인지에 대한 예측을 공유했다.

지식 노동의 혁명

베아크래프트는 산업 혁명을 통해 인간 노동의 기술을 습득하여 인체가 할 수 있는 것 이상으로 증폭시킬 수 있었다고 지적한다. 또한 이제 우리는 지식 작업에서도 같은 작업을 하고 있다고 말한다. 산업 혁명은 기술을 기계화했으며 오늘날 우리는 기술을 디지털화하고 있다. 디지털화된 기술은 프로그래밍이 가능하고 구성이 가능하며 업그레이드가 가능하다. 인공지능은 이 모든 것을 한 차원 다른 수준으로 끌어올리고 있다.

특정 작가의 스타일로 소설을 쓰고 싶은 사람이 있다. 그가 마음만 먹는다면 챗GPT가 문장이나 단락 또는 장별로 그렇게 하도록 유도한 다음 원하는 대로 언어를 조정할 수 있다. (그것이 부정행위인지 표절인지는 또 다른 문제이며 상당히 중요한 문제이다.) 그는 입력할 필요가 없는 수년 간의 연구와 지식을 추출하도록 알고리즘을 프로그래밍할 수 있다. 구성이 가능하다는 것은 기술을 서로 쌓아올릴 수 있음을 의미하며, 업그레이드가 가능하다는 것은 인공지능이 언제든지 업그레이드를 받을 수 있음을 의미한다. 이제 우리는 인공지능을 배우기 위해 학교로 돌아가지 않아도 업그레이드를 통해 언제든지 새로운 기술을 얻을 수 있다.

제너럴리스트(Generalist)의 시대

인공지능은 이러한 기능으로 인해 우리 모두를 창의적인 제너럴리스트로 만들 수도 있다. 지금 우리는 어릴 때부터 전문화하고 한 분야에서 전문성을 쌓으라는 말을 듣는다. 하지만 인공지능이 인간을 모든 영역에서 빠르게 앞지르게 되면 어떻게 될까? 여전히 한 분야의 전문가가 되는 것이 의미가 있을까?

여러 영역에 대한 전문성과 깊이, 폭넓은 분야에 대한 관심과 열정, 호기심을 가진 사람들이 바로 다음 시대를 지배할 사람들이다. 어떤 것이 어떻게 작동하는지 이해했다면 이제 그것을 위해 생산할 수 있다. 이를 실현하기 위해 모든 다른 계층에 대한 전문 지식이 필요하지 않다. 일반적인 영역이나 필드가 어떻게 작동하는지 알 수 있고 기계가 나머지 기술을 추상화하도록 할 수 있다.

예를 들어 만화책을 그리는 그래픽 디자이너는 인공지능 기반 디자인 도구를 사용하여 해당 만화책을 3D 작품으로 바꿀 수 있으며 3D 모델링, 카메라 이동, 블렌딩, 모션 캡처를 알 필요가 없다. 이제 인공지능은 단 한 사람이 모든 가상 프로덕션 요소를 수행할 수 있도록 한다. 몇 년 전에는 불가능했던 일이지만 지금은 약간의 노력만 기울이면 얼마든지 가능한 일이다. 어떤 비디오는 이미지, 사운드, 모션, 토크 트랙을 포함하여 생성 인공지능을 사용하여 전적으로 한 사람이 제작하기도 한다.

생성 인공지능 도구도 다른 도구를 스스로 사용하는 방법을 배우기 시작했으며 더 잘하게 될 것이다. 예를 들어 챗GPT는 과학에 그다지 능숙하지 않지만 이러한 종류의 질문을 울프럼알파(WolframAlpha)와 같은 것으로 전달하고 답장에 도구의 답변을 포함할 수 있다.

이것은 우리의 일을 바꿀 뿐만 아니라 일과의 관계도 바꿀 것이라고 베아크래프트는 말했다. 현재 조직은 협소하게 정의된 역할에서 점진적인 직원의 성장을 기대한다. 디자이너, 회계사, 프로젝트 관리자와 같은 직책에는 일반적으로 매년 2~3% 향상되는 핵심 성과 지표가 있다. 하지만 직원이 점진적으로 성장한다면 어떻게 조직이 기하급수적인 성장을 기대할 수 있겠는가?

인공지능은 우리의 전통적인 직무 역할을 수평적으로 만들어 어떤 방향으로든 유연하게 대처할 수 있게 해준다. 또한 우리는 필요에 따라 원하는 시간에 기술과 전문 지식을 갖게 될 것이다. 우리는 직업을 잃지 않을 것이다. 직무를 잃을 것이다. 조직에 수평적으로 일하는 사람들로 구성된 팀이 있을 때 모든 새로운 기능은 점진적이 아니라 완전히 새로워지며 갑자기 기하급수적으로 성장한다.

더 많은 직업, 더 적은 작업

　인공지능을 통한 인류의 성장은 인공지능, 로봇 공학 그리고 자동화가 다양한 종류의 직업을 대체하고 인간의 직업을 없앨 것이라는 대부분의 설명과는 정반대로 작용할 수 있다. 궁극적으로 인공지능은 우리를 위해 더 많은 직업을 만들어 낼 수도 있다.

　예를 들어 인공지능을 사용하여 실험을 보다 효율적으로 실행하는 데 도움이 되는 과학자 팀은 수행하는 실험의 수를 늘릴 수 있다. 또한 더 많은 결과, 분석할 더 많은 데이터, 이 모든 정보를 통해 더 많은 작업을 수행하여 결론을 내리거나 원하는 것을 찾을 수 있게 된다. 이때 인공지능은 추가 관리 작업도 잘 처리할 수 있다.

　우리는 인공지능 과대 광고 거품에 있을지 모르지만 이 기술은 이전보다 더 많은 사람들에게 다가가고 있다. 생성 인공지능의 악의적인 사용이 있다는 것은 분명하다. 그 한 예로 챗GPT로 작성된 에세이를 제출하려는 모든 학생들을 살펴보거나 딥페이크(Deepfake)를 정확히 찾아내는 것은 너무나도 어렵다. 그러나 인공지능이 사회, 경제, 그리고 우리의 삶에 긍정적인 영향을 미칠 수 있는 생산적인 용도가 있다.

　이러한 인공지능에 대해 우리가 관심을 가져야 할 부분은 명확하다. 단순히 데이터와 정보에 관한 것이 아니라 우리가 세상을 만들어 가는 데 인공지능이 어떻게 도움을 줄 수 있는지가 중요하다.

챗GPT가
채용의 세계를 바꾼다

전 세계가 기술에 점점 더 의존하게 되면서 채용업계가 채용 프로세스를 간소화하기 위해 혁신적인 도구로 눈을 돌리고 있는 것은 놀라운 일이 아니다. 이러한 도구 중 하나는 채팅 인터페이스를 통해 구직자와 사람과 같은 대화를 가능하게 하는 자연어 처리 기술인 챗GPT이다.

챗GPT가 채용업계를 정확히 어떻게 변화시킬 수 있을까?

1. **효율성 향상**: 챗GPT는 여러 대화를 동시에 처리할 수 있으므로 채용 담당자가 다른 작업에 집중할 수 있다. 또한 후보자의 초기 심사를 처리할 수 있어 채용 담당자가 직책에 대한 최소 요구 사항을 충족하는 사람을 신속하게 식별할 수 있다.

2. **향상된 지원자 경험**: 챗GPT를 사용하면 지원자와 보다 개인화되고 효율적인 커뮤니케이션이 가능하다. 회사, 역할, 채용 프로세스

에 대한 질문에 실시간으로 답변할 수 있어 후보자에게 보다 원활하고 효율적인 지원 프로세스를 제공한다.

3. **다양성 향상**: 챗GPT는 지원자에게 표준화된 질문을 제공하고 사전 결정된 기준에 따라 답변을 평가함으로써 채용 과정에서 무의식적인 편견을 제거할 수 있다. 이를 통해 조직은 보다 다양한 후보자 풀을 유치하고 고용할 수 있다.

4. **비용 절감**: 챗GPT는 채용 절차의 특정 측면을 자동화하여 조직의 시간과 비용을 절약할 수 있다. 또한 채용 절차의 다음 단계로 넘어가는 무자격 후보자의 수를 줄여 절차를 더욱 간소화하고 자원을 절약하는 데 도움이 될 수 있다.

전반적으로 챗GPT는 보다 효율적이고 개인화된 다양한 채용 절차를 제공하여 채용업계를 혁신할 수 있는 잠재력을 가지고 있다. 아직 개발 초기 단계에 있지만 지속적으로 개발되고 발전함에 따라 계속 주시할 가치가 있는 흥미로운 도구이다.

채용을 위한 챗GPT의 이점

A. 채용 프로세스 및 업무 자동화

챗GPT는 간단한 HR 관리 작업 중 일부를 매우 잘 자동화할 수 있다. 예를 들어 면접 질문을 만들고 이력서 요약을 작성하고 구인 광고를 작성하고 이메일 템플릿을 작성할 때 챗GPT는 튜링 테스트를 거의 통과했다. 이것이 인공지능이 생성한 사본인지는 분명하지 않았다. EVP나 사명 선언문에 대한 고급 콘텐츠 작업 중 일부는 자동화된 템플릿으로 훌륭하게 작동하지만 전략적 HR 전문가가 개선해야 한다.

B. 지원자 경험 개선

이 도구를 사용하면 시간에 쫓기는 관리자가 전문적이고 공감적인 응답으로 자동 응답을 신속하게 채워 지원자의 경험을 점진적으로 얻을 수 있다. 코드가 실제로 자동 응답기에 통합되면 챗GPT는 인본주의적인 방식으로 후보자 커뮤니케이션을 자동화할 수 있다.

C. 효율성 향상

채용 가치 사슬의 특정 부분에 대한 고품질 복사 템플릿을 생성하는 챗GPT의 기능은 수동 HR 작성 작업을 제거하거나 최소화하고 효율성을 높일 것이다. 다시 한 번 자동 응답기에 통합되면 후보자 경험을 자동화하고 효율성을 높일 수 있다.

채용에 챗GPT를 사용할 때의 문제점

A. 비용

챗GPT는 아직 베타 단계에 있는 원시 오픈 소스 제품이다. 즉각적인 실용적인 응용 프로그램이 있지만 실제 고용 프로세스에 완전히 통합될 준비가 되지 않았다. 후보자 경험을 완전히 자동화하려면 비용이 많이 드는 자동 응답기와의 맞춤형 통합이 필요하다.

B. 인간 상호 작용의 부족

거절당한 후보자는 인간 반박의 존엄성을 부정당하고 무자비한 인공지능에 속았다고 느끼는지 빨리 판단할 수 있다. 용은 후보자 경험을 인공지능 토끼 구멍으로 끌어들이기 전에 신중하게 생각해야 한다. 이전에는 존재하지 않았던 상호 작용에 적합한 응답을 추가하는 자연주의적인 채용 챗봇은 틀림없이 부가가치를 창출한다.

그러나 인간 상호 작용이 바람직하고 적절하며 응답이 인간보다 현저하게 열등한 상황에서 챗GPT를 과도하게 사용하면 좌절감이 생기고 지원자의 경험이 줄어들 것이다.

C. 편견의 가능성

인공지능의 편향 문제라는 제목의 포춘(Fortune)과 같은 보고서에서는 인공지능이 인간의 상호 작용을 모방할 수 있지만 인간의 편견을 증폭시킬 수 있다고 강조했다. 마이크로소프트(Tay) 및 구글(이미지 인식 기술)과 같은 회사에서 개발한 AI 기반 앱은 인종적 편견을 나타내는 두 가지 인공지능 기반 앱의 예이다. 또 다른 대화형 AI 도구인 오토맷(Automat)의 공동 설립자인 앤디 마우로(Andy Mauro)에 따르면 편향이 시스템에 들어가는 두 가지 방법이 있다. 프로그래머의 편향이 시스템에 거머리가 될 수 있는 프로그래머 경로가 있거나 편향이 데이터에서 오는 학습된 시스템이다. 데이터가 충분히 다양하지 않으면 편향이 생길 수 있다. 이는 큰 문제이며 우리 모두가 생각해야 하는 문제이다.

챗GPT는 고용 가치 사슬을 구동하기 위해 관리 작업 생산을 자동화하는 기능이 있는 흥미로운 도구이다. 많은 작업이 여전히 인간에게 가장 적합하고 GPT−3.5 단계의 챗GPT가 사람이나 직업을 거의 대체할 것으로 기대하지 않는다. 그러나 챗GPT가 확실히 우리 모두를 더 효율적으로 만들 수 있는 엄청난 기회임에는 분명하다. 채용 문제 은행 만들기, 지원자 홍보, 구인 광고, 부울 검색과 같이 우리가 테스트한 작업 중 일부는 최소한 많은 채용 관리자에게 큰 출발점을 제공할 수 있다.

CHATGPT **3**

AI 프롬프트
엔지니어링의 부상

프롬프트 엔지니어링은 인공지능 도구를 활용하기 위한 필수 전략이 되었다. 챗GPT 및 DALL-E 2(텍스트-텍스트 또는 텍스트-이미지 인공지능 도구)와 같은 도구가 요즘 대세이다. 그러나 그들이 효과적으로 작동하려면 원하는 결과를 얻기 위해 올바른 질문을 해야 한다. 이러한 도구가 다양한 산업에 더욱 통합됨에 따라 이러한 도구에 대해 무엇을 말해야 하는지 배우는 것이 더욱 중요해진다.

AI 프롬프트 엔지니어링(Prompt engineering)은 인공지능 도구로 원하는 결과물을 얻는 효과적인 방법이다. 프롬프트는 명령문, 코드 블록 및 단어 문자열과 같은 다양한 형태로 제공된다. 프롬프트를 활용하는 이 방법은 인공지능 모델에서 응답을 유도하려는 의도를 가진 사람들이 발명했다. 주어진 작업에 적합한 결과물을 개발하도록 모델을 가르치는 출발점 역할을 한다.

흥미롭게도 이러한 프롬프트는 사람과 동일한 방식으로 작동하여 에세이를 작성하도록 유도한다. 인공지능 애플리케이션은 이러한 프롬프트를 사용하여 목적에 맞는 작업을 생성할 수 있다. 이처럼 프롬프트 엔지니어링은 인공지능 도구를 활용하기 위한 필수 전략이 되었다.

실제 프롬프트와 관련하여 텍스트는 현재 인간과 인공지능 간의 주요 통신 수단이다. 텍스트 명령을 사용하면 수행할 작업을 모델에 알릴 수 있다. DALLE-E 2 및 스테이블 디퓨전(Stable Diffusion)과 같은 상위 인공지능 모델에서는 기본 프롬프트 역할을 하는 원하는 결과물을 설명해야 한다. 반면에 새로운 챗GPT와 같은 언어 모델은 간단한 요청에서 프롬프트 전체에 배치된 다양한 사실로 입증된 복잡한 것까지 무엇이든 사용할 수 있다. 경우에 따라 원시 데이터가 포함된 CSV 파일을 입력의 일부로 사용할 수도 있다.

AI 프롬프트 엔지니어링의 전체 프로세스에는 인공지능 모델이 특정 작업을 수행하는 방법을 학습하도록 프롬프트(입력 데이터)를 설계하고 생성하는 작업이 포함된다. 이 과정에서 인공지능이 이해할 수 있도록 적절한 데이터 유형과 형식을 선택해야 한다. 효과적인 AI 프롬프트 엔지니어링은 AI 모델이 정확하게 예측하고 결정을 내릴 수 있도록 하는 고품질 교육 데이터로 이어진다.

AI 프롬프트 엔지니어링의 부상

AI 프롬프트 엔지니어링의 주요 개발 중 다수는 GPT-2나 GPT-3

과 같은 언어 모델을 사용하여 이루어졌다. 2021년에는 자연어 처리 (NLP) 데이터 세트를 사용한 멀티태스킹 프롬프트 엔지니어링의 도입으로 새로운 작업이 인상적인 결과를 얻었다. 논리적인 사고 과정을 정확하게 묘사할 수 있는 언어 모델로 정제되어 프롬프트에 '차근차근 생각해보자'와 같은 단서가 포함될 때 제로샷 학습이 적용되었다. 이것은 다단계 추론 노력의 성공률을 더욱 강화했다. 광범위한 오픈 소스 노트북과 커뮤니티 중심의 이미지 합성 벤처를 통해 소규모 및 대규모 모두에서 더 쉽게 액세스할 수 있었다.

2022년 기계 학습 모델 DALL-E, Stable Diffusion 및 Midjourney 가 텍스트-이미지 프롬프팅을 통해 가능성의 세계를 열면서 더 큰 발전이 이루어졌다. 이 기술을 통해 사람들은 말만 입력해도 아이디어를 실현할 수 있다.

챗GPT는 우리가 지금까지 본 것 중 가장 인상적인 인공지능 언어 모델이다. 제공하는 입력을 기반으로 텍스트를 생성하는 심층학습 기술에 의존한다. 이 도구는 광범위한 텍스트 프롬프트에 대해 인간과 유사한 응답을 생성할 수 있는 방대한 텍스트 데이터 컬렉션에 대해 교육을 받았다.

AI 프롬프트 엔지니어링 모범 사례

AI 프롬프트 엔지니어링이 정확하고 효과적인 결과를 도출하는 데 실제로 도움이 될 수 있는 몇 가지 모범 사례가 있다.

첫 번째 단계는 프롬프트에 지침, 질문, 입력 데이터, 예시, 사실 등이 포함될 수 있음을 이해하는 것이다. 핵심은 이러한 다양한 요소를 모두 결합하여 최상의 결과를 얻는 것이다.

AI 프롬프트를 엔지니어링할 때 다음 단계를 따라야 한다.

- **명확하고 구체적인 프롬프트 입력**: AI 프롬프트 엔지니어링의 가장 중요한 측면 중 하나는 인공지능 모델에 잘 정의된 프롬프트를 제공하는 것이다. 이렇게 하면 모델이 요청하는 내용을 이해할 수 있다.
- **간결한 언어 사용**: 프롬프트에서 항상 간결하고 간결하게 요점을 전달해야 한다.
- **가능한 한 많은 컨텍스트 제공**: 인공지능 모델은 때때로 맥락과 씨름할 수 있으므로 입력에 가능한 한 많은 구체적인 맥락 정보를 포함해야 한다.
- **올바른 문법 확인**: AI 프롬프트에서 문법 오류가 발생하지 않도록 모든 철자가 올바른지 항상 다시 확인해야 한다.
- **다양한 결과물 테스트**: 이러한 모델이 제공할 수 있는 결과물 수에는 제한이 없으므로 최상의 결과를 찾을 때까지 여러 개를 테스트해야 한다.
- **가능한 경우 모델 미세 조정**: 챗GPT와 같은 일부 인공지능 모델은 자

체 데이터로 미세 조정할 수 있다. 이는 특정 사용 사례 요구 사항에 특히 유용하며 보다 정확한 결과물로 이어진다.

신속한 엔지니어의 부상

더 많은 회사가 인공지능 기술을 채택함에 따라 기계 학습에 대한 정교한 지식과 신속한 엔지니어링을 갖춘 전문가가 경력을 쌓을 수 있는 문이 열린다. 이 분야에 숙련된 엔지니어와 데이터 과학자에 대한 수요가 증가하고 있으며 이러한 기회는 시간이 지남에 따라 계속 확대될 것으로 보인다.

프롬프트 엔지니어는 인공지능 도구가 특정 결과를 달성하는 데 도움이 되는 정확한 프롬프트, 규칙 및 지시문을 전문적으로 만드는 전문가이다. 사용 중인 모델의 용량과 한계에 대한 깊은 이해를 바탕으로 이 전문가들은 교묘하게 만들어진 입력 텍스트를 통해 원하는 목표를 향한 결과물을 효율적으로 안내하는 데 필요한 기술 세트를 보유하고 있다. 여기에는 정교한 문구가 포함된 레이블이나 전략이 포함될 수 있다.

신속한 엔지니어는 NLP 프로젝트에서 중요하지만 종종 간과되는 역할을 맡는다. 그들은 모델이 응답할 프롬프트를 설계 및 생성하고, 결과물을 기반으로 모델을 미세 조정하고, 모델 성능에 대한 지속적인 분석을 수행하여 개선 기회를 식별하는 작업을 담당한다.

또한 데이터 과학자 및 NLP 연구원과 협력하여 모델의 성능을 평가하고 프롬프트가 프로젝트 목표와 적절하게 일치하는지 확인한다. 신속한 엔지니어는 여러 가지 책임을 맡고 여러 분야에 걸쳐 전문 지식을 활용함으로써 오늘날 우리가 알고 있는 NLP 개발을 형성하는 데 중요한 역할을 한다.

챗GPT와 같은 인공지능 모델의 인기가 높아지면서 신속한 엔지니어에 대한 수요가 점점 더 많아질 것이다. 이러한 인공지능 모델을 활용하려는 기업에 큰 역할을 하게 된다.

AI 프롬프트 엔지니어링이 비즈니스에 미치는 영향

인공지능 제품과 이를 구동하는 기본 모델은 완전히 새로운 창조와 혁신의 길을 제시함으로써 기술 환경을 빠르게 변화시키고 있다. 챗GPT와 같은 모델은 데이터를 활용하여 다양한 분야에서 사용자 질문 및 고유한 아이디어에 대한 응답을 생성하는 인공지능의 기능을 촉진한다. 컴퓨터는 이제 인간의 도움을 거의 받지 않고도 예술에서 디자인, 컴퓨터 코딩에 이르는 영역에서 콘텐츠를 생산할 수 있다. 또한 복잡한 문제와 관련된 가설과 이론을 개발하는 데까지 갈 수 있다.

대규모 심층학습 모델을 기반으로 구축된 최신 인공지능 시스템은 텍스트 및 이미지와 같은 방대한 비정형 데이터를 처리하고 분석할 수 있다. 이는 기계 학습 적성과 기술적 배경에 관계없이 개발자가 액세스할 수 있는 애플리케이션의 범위를 넓힌다.

예를 들어 GPT−3.5를 기반으로 구축된 챗GPT는 텍스트를 번역하는 데 사용되었으며 과학자들은 이전 버전의 모델을 활용하여 새로운 단백질 서열을 생성했다. 이러한 시스템을 활용하면 새로운 인공지능 애플리케이션에 필요한 개발 시간이 단축되어 이전에는 거의 확립되지 않은 접근성 수준을 사용할 수 있게 되었다. 이러한 발전은 필연적으로 미래에 대한 흥미진진한 전망을 열어주었다.

이러한 다양한 모델의 공통점은 효과적인 AI 프롬프트 엔지니어링이 필요하다는 것이다. 인공지능이 계속해서 발전함에 따라 비즈니스에서 과학에 이르기까지 거의 모든 분야에서 신속한 엔지니어링이 큰 역할을 하는 것을 계속 보게 될 것이다. 신속한 엔지니어링으로 구동되는 인공지능 모델은 우리가 본 것 중 가장 흥미롭고 유망하므로 비즈니스 리더는 세심한 주의를 기울이고 이를 프로세스에 구현하는 것을 고려해야 한다.

창의적인 일,
예술가들의 일을 대체한다

챗GPT가 대체할 수 있는 창의적인 작업. 창의적인 작업에 대한 인공지능의 영향에 대한 경계심이 올해 챗GPT 관련 주된 주제가 될 것이다.

당신의 능력은 무엇이며
디자인과 같은 창조적인 산업에 어떤 영향을 미칠까?

오픈AI로 훈련된 대규모 언어 모델로서 대부분의 개인을 능가하는 규모와 속도로 인간과 유사한 텍스트를 처리하고 생성할 수 있다. 이를 통해 연구, 콘텐츠 제작, 언어 번역을 지원할 수 있다. 디자인 프로젝트에 대한 아이디어를 생성하고 설명과 캡션을 만드는 데 도움을 줄 수 있다. 디자인 관련 문서의 편집 및 교정을 도와 원하는 메시지를 전달할 수 있다.

언어 번역 능력은 다양한 언어적 배경을 가진 고객들과 효과적으로 의사소통하는 것이 필수적인 디자인 산업에서 가치가 있을 수 있다. 브리핑을 번역하든 국제 협업 중에 의사소통을 촉진하든, 언어 능력은 문화적 차이를 해소하고 보다 원활한 디자인 프로세스를 촉진하는 데 도움이 될 수 있다.

크리에이티브 전문가들은
챗GPT가 쓸모없게 되는 것에 대해 걱정해야 할까?

챗GPT는 창조적인 전문가를 대체하려는 것이 아니다. 인간과 같은 텍스트를 생성하고 연구와 콘텐츠 생성을 지원할 수는 있지만 인간 작가 고유의 창의성이나 뉘앙스나 관점이 없다. 그들의 작업은 창의적 환경에서 매우 귀중하고 대체할 수 없는 부분이다. 연구, 사실 확인, 언어 편집을 지원함으로써 작가가 작품의 창의적인 측면에 집중하고 최고의 글을 쓸 수 있도록 도울 수 있다.

창작자들이 인공지능이 자신을 대체할 것을 두려워하는 이유는?

창의적인 전문가들이 자신의 업무에 인공지능이 미칠 잠재적인 영향에 대해 우려하는 것은 이해할 만하다. 인공지능이 잠재적으로 인간 노동자를 대체하거나 그들의 기술을 쓸모없게 만들 수 있다는 두려움이 있다. 이러한 우려가 존재할 수 있는 몇 가지 이유가 있다.

인공지능 기술은 많은 양의 데이터를 빠른 속도로 처리하고 분석할 수 있다. 이는 인공지능이 인간 작업자와 동일한 작업을 더 효율적으로 수행할 수 있다는 인식으로 이어질 수 있다. 인공지능의 한계와 인공지능이 인간 작업자와 어떻게 다른지에 대한 이해가 부족한 경우가 많다. 이것은 인공지능이 실제로 특정 작업에서 가장 효과적일 때 인간 작업자를 대체할 수 있고 인간 작업자에게 고유한 창의성, 뉘앙스 및 관점을 완전히 복제하지 못할 수 있다는 믿음으로 이어질 수 있다.

새로운 기술에 관해서는 종종 미지의 것에 대한 두려움이 있다. 이는 직업 시장에 대한 잠재적인 영향에 대한 우려로 이어질 수 있다. 인공지능은 광범위한 작업을 지원할 수 있지만 인간 작업자를 대체하거나 기술을 쓸모없게 만들도록 설계되지 않았다. 인간 작업자를 보완하고 특정 작업을 지원하기 위한 것이다.

챗GPT의 기능이 어떻게 발전할 것으로 예상되는가?

챗GPT는 훈련된 데이터를 기반으로 지속적으로 진화하고 있다. 새로운 데이터를 사용할 수 있고 자연어 처리가 발전함에 따라 챗GPT의 능력이 향상될 것이다. 잠재적인 개발 영역 중 하나는 미묘하고 인간과 유사한 언어를 더 잘 이해하는 능력이다. 또 다른 영역은 언어의 맥락과 의미를 더 잘 생성하는 능력이다.

확장된 기능에 대해 크리에이티브는 어떻게 준비해야 하는가?

자연어 처리의 새로운 개발에 대한 최신 정보를 얻어야 한다. 이를 통해 이러한 기술의 기능 및 제한 사항과 작업에 미치는 영향을 이해할 수 있다. 창의적인 전문가는 인공지능이 복제할 수 없는 고유한 기술을 가지고 있다. 고유한 관점, 창의성 및 기술에 의존하는 작업 영역에 집중하고 이러한 강점을 사용하여 작업을 차별화하고 고객에게 가치를 추가하는 방법을 고려할 수 있다.

인공지능의 잠재적 영향을 인식하는 것이 중요하지만 이러한 기술을 유리하게 사용하는 것도 중요하다. 인공지능을 위협으로 보지 않고 작업을 간소화하고 개선하기 위해 인공지능을 사용하는 방법을 고려해볼 수 있다. 직업의 세계는 끊임없이 변화하고 있으며 적응력이 있고 새로운 기회에 열려 있는 것이 중요하다. 작업에 가치를 더하고 향상시키는 방식으로 자신의 강점에 집중하는 것도 중요하다.

CHATGPT 5

정신노동이 필요한 서비스업을 대신한다

사람들은 정신과 상담사 대신에 치료를 위해 챗봇을 사용하고 있다.

인공지능 앱과 챗봇은 심지어 사람들의 정신건강 문제를 돕기 위해 사용되고 있다. 오늘날 다양한 AI 챗봇과 앱을 사용할 수 있고 사용하고 있다. 인공지능 기술은 외로움, 사회적 고립, 정신건강 문제를 겪고 있는 사람들에게 유용한 조언과 개입을 제공해 준다.

그러나 윤리적 문제도 제기할 수 있다. 정신건강 상담 전문가들은 윤리적 영향을 검토하여 진료에서 인공지능 기술을 편안하게 사용할 수 있는지 여부 또는 방법에 대해 정보에 입각한 결정을 내려야 한다.

치료를 위해 챗봇과 챗GPT 사용

NLP(자연어 처리)를 사용하는 인공지능의 가장 잘 알려진 예 중 하나 는 텍스트 또는 음성을 통해 인간과의 대화를 시뮬레이션하는 챗봇 프 로그램이다. 사람들의 불안과 우울증에 대한 선별 검사를 수행하고 심 지어 임시 치료 세션을 위해서도 챗봇을 사용할 수 있다.

일부 초기 연구에 따르면 이러한 챗봇과 상호 작용하는 사람들은 기 계와의 상호 작용에 대체로 편안하고 만족해한다. 예를 들어 2021년 약 800명의 사람들이 사회적 고립과 외로움을 경험한 연구에서는 문 자 메시지를 통해 챗봇과 상호 작용했다. 이 연구는 대부분의 사용자 가 만족하고 친구나 동료에게 챗봇을 추천할 것이라고 밝혔다.

챗GPT와 같은 챗봇 외에도 사용할 수 있는 다른 많은 인공지능 앱 이 있다. 일부는 다른 것보다 정신건강 서비스에서 더 일반적이다. 예 를 들어 무드 트래커(Mood tracker)와 무드 로거(Mood logger)가 많이 있다. 이러한 앱의 대부분은 사용자가 자신의 기분에 대한 프롬프트에 응답할 수 있도록 한다. 무드 트래커는 수면 패턴이나 활동 수준과 같 은 다른 데이터도 수집한다. 무드 로거는 사용자가 기분 프롬프트에 대한 응답을 입력하거나 자신의 감정에 대해 자세히 쓸 수 있도록 허용 할 수 있다.

정신건강 서비스에서 AI 챗봇과 앱을 사용하는 것과 관련하여 고려 해야 할 많은 윤리적 의미가 있다.

첫째, 개인 정보 보호 정책, 차별 정책 및 앱 기능을 기반으로 실습에서 사용하는 인공지능 앱을 신중하게 선택해야 한다. 개인 정보, 기밀 또는 일반적인 대우를 위태롭게 할 수 있는 불량하거나 부적절한 앱을 선택할 수 있다.

둘째, 앱을 최대한 활용할 수 있도록 앱의 기능과 제한 사항을 이해하고 있는지 확인해야 한다.

셋째, 필요한 조정을 할 수 있도록 앱 진행 상황을 모니터링해야 한다. 이를 통해 앱이 최적의 기능을 지원하고 제공하는지 확인할 수 있다.

마지막으로 AI 챗봇과 앱에 지나치게 의존하지 않도록 주의해야 한다.

그들은 유용한 도구이며 더 나은 관련 지원을 제공할 수 있다. 그러나 대면 치료, 약물, 기타 정신건강 관리의 중요한 측면을 대체해서는 안 된다. 많은 AI 챗봇과 앱은 의료나 정신건강 전문가의 직접적인 평가 없이 사용자에게 정보를 제공한다. 이는 사용자에게 도움이 될 수 있지만 문제가 될 수도 있다. 인간은 사회적 존재이며 종종 다른 사람들과 의사 소통을 통해 이익을 얻는다. 인공지능 앱만 사용하면 사회적 상호 작용의 기회가 줄어들 수 있다.

또한 일부 인공지능 앱은 사람의 개입 없이 피드백을 제공하도록 설계되었다. 이는 일부 사용자에게는 도움이 될 수 있지만 다른 사용자에게는 문제가 될 수도 있다. 인간의 피드백은 사용자가 실수로부터 배우고 진행하면서 행동을 수정할 수 있기 때문에 중요하기도 하다. 사람의 피드백 없이 사용자는 자신의 실수를 인식하지 못할 수 있으며 실수로부터 배우고 기술을 향상시킬 기회가 없게 된다.

또한 AI 챗봇과 앱은 현재 모든 전문 위원회에서 규제하고 있다. 따라서 정신건강 서비스를 위해 사용하는 사람들은 면허가 있는 정신건강 전문가로부터 받는 것과 동일한 수준의 치료를 받지 못할 수 있다. 사람들이 챗봇이나 정신건강 앱을 사용할 때는 면허가 있는 정신건강 전문가를 만날 때와 동일한 법적 보호를 받지 못한다. 그리고 챗봇과 앱은 정신건강 전문가가 제공하는 것과 동일한 수준의 치료를 제공하지 못할 수 있다.

하지만 긍정적인 측면은 챗봇과 인공지능 앱이 정신건강 서비스에 대한 접근성을 높일 수 있다는 것이다. 때로 이용 가능한 치료사를 찾고 새로운 고객을 받아들이는 것은 어렵다. 정신건강 전문가와 즉시 대화해야 하는데 약속을 잡을 수 없는 경우 챗GPT와 같은 AI 챗봇을 통해 필요할 때 정신건강 지원에 즉시 액세스할 수 있다.

챗봇과 인공지능 앱은 정신건강 문제에 대한 전통적인 치료법을 찾는 데 낙인이나 불편함을 경험할 수 있는 사람들을 도울 수 있다. 분명히 챗봇과 인공지능 앱에는 장점과 단점이 모두 있으며 더 많은 연구가 필요하다. 고객이 챗봇이나 인공지능 앱을 사용하도록 권장하거나 돕기 전에 자신의 임상적 윤리적 판단을 사용하는 것이 필수적이다.

법률자문회사, 변호사, 판검사의 판단을 대신한다

챗GPT가 법률 산업을 혼란에 빠뜨린다. 인공지능 및 자동화의 등장으로 변호사는 일상적이고 단조로운 작업을 자동화할 수 있는 기회가 생겨 고객에게 도움이 될 것이다.

챗GPT가 변호사에게 제공하는 것

챗GPT가 아직 연구 단계에 있는 동안 법률 전문가들은 자연스럽게 묻는다. 챗GPT가 변호사를 어떻게 도울 수 있을까? 챗GPT가 로펌에 기회를 제공한다는 것은 의심의 여지가 없다. 법률 마케팅 콘텐츠 작성에서 법률 문서 초안 작성에 이르기까지 인공지능을 통한 작성 자동화의 이점은 끝이 없어 보인다. 또한 기업들은 이미 GPT 기술을 활용하여 법률 고객을 지원하려고 시도하고 있다.

예를 들어 두낫페이(DoNotPay)의 CEO인 조슈아 브라우더(Joshua Browder)가 두낫페이의 AI 변호사를 고용할 의향이 있는 변호사에게 100만 달러를 지불하겠다는 거액의 제안을 했다. 챗GPT의 변형인 오픈AI의 GPT-3 기술은 그들을 대신하여 대법원 앞에서 사건을 주장한다. 이 경우 '인간 변호사'는 에어팟(AirPods)를 착용하고 'AI 변호사'의 주장을 그대로 반복한다.

안타깝게도 이 제안은 대법원 참석자들이 법정에 있는 동안 전자 기기를 사용하는 것이 금지되어 있어 챗GPT 활용에 있어 장애는 있다. 인공지능은 법률 시스템에서 수행할 역할이 있지만 정확히 어떤 역할을 하는지는 두고 봐야 한다.

변호사를 위한 챗GPT의 도전 과제

법정에서 전자 장치를 사용하는 것과 같은 기술적 한계 외에도 챗GPT는 법적 영역에서 추가적인 장애물에 직면해 있다. 우선 이 기술은 아직 개발 중이다. 그리고 응답이 매우 정확할 수 있지만 챗GPT는 인간 변호사가 아니다. 복잡한 법적 주장을 공식화하는 데 필요한 뉘앙스가 부족하기 때문에 최소한 현 단계에서는 챗GPT가 변호사를 대체할 위치에 있지 않다고 말하는 것이 안전하다. 또한 변호사의 윤리적 의무는 항상 편의보다 우선한다. 인공지능을 사용하여 귀하의 사례를 주장할 때 윤리적 고려 사항이 있을 뿐만 아니라 귀하의 회사와 챗

GPT 간의 데이터 전송을 통해 보안, 고객 개인 정보 보호, 권한 문제
가 발생할 수도 있다.

법률 회사에서 책임감 있게 기술 수용

　로펌에서 챗GPT를 사용하는 데 따른 윤리적 장애물 중 일부를 강
조했지만, 2020년 법률 동향 보고서에서 언급한 바와 같이 열정적으
로 기술을 채택하는 것이 로펌의 비즈니스 성과에 긍정적인 영향을 미
친다는 것도 알고 있다. 여러 기술을 채택하면 사례 작업 및 수익 수집
의 영향과 전체 양 측면에서 비즈니스 성과에 복합적인 영향을 미친
다.

　본질적으로 일상적인 법적 업무를 능률화하고, 시간을 절약하고,
가장 중요한 업무에 대한 전문성을 각인시키는 데 도움이 되는 기술을
채택하는 것은 모든 로펌의 승리이다. 그러나 윤리적 의무를 다하고
고객의 이익을 보호하려면 기술을 책임감 있게 평가하고 구현하는 것
이 중요하다.

과연 인공지능은 변호사를 대체할 수 있을 것인가?

　오직 시간만이 챗GPT가 법조계에서 어떤 역할을 할 수 있는지 또

는 하지 않을 수 있는지 알려줄 것이다. 그래도 한 가지는 확실하다. 기술을 책임감 있게 채택하면 로펌 관리 시간을 절약하고 로펌 성과에 측정 가능한 영향을 미칠 수 있다. 또한 기술 투자를 최대한 활용하는 방법도 고려해야한다. 클리오(Clio)와 같은 소프트웨어에는 고객 접수 및 결제 처리를 비롯한 다양한 도구가 함께 제공된다. 또한 200개가 넘는 통합 파트너와 함께 회사의 고유한 요구 사항에 따라 맞춤형 환경을 만들 수 있다.

챗GPT와 같은 GPT 모델은 다음 분야에서 법률 산업에 큰 영향을 미칠 가능성이 있다.

1. **법률 조사 자동화**: GPT 모델은 법률 텍스트에 대해 교육을 받고 법률 문서의 요약을 생성하는 데 사용할 수 있으므로 변호사가 관련 정보를 신속하게 찾고 정보에 입각한 결정을 내리는 데 도움이 된다.
2. **법률문서 생성**: GPT 모델은 기존 법률 문서에 대해 학습할 수 있으며 스타일과 내용이 유사한 새 문서를 생성하는 데 사용할 수 있다. 이것은 변호사와 법무팀을 위한 시간 절약 도구가 될 수 있고, 계약서 그리고 기타 법률 문서를 신속하게 생성할 수 있다.
3. **법률 챗봇**: 챗봇은 고객에게 정보를 제공하고 질문에 답하는 데 사용할 수 있으므로 변호사가 일상적인 질문에 답하는 데 시간을 할애할 필요가 없다. 이를 통해 변호사는 보다 복잡한 업무에 집중

할 수 있고 법률 서비스의 효율성을 높일 수 있다.

4. 법률 AI: AI 인공지능 시스템은 법적 개시와 문서 검토에 이미 사용되기 시작하여 관련 정보를 신속하게 식별하는 데 도움이 되며 이러한 추세는 계속될 것이다.

그러나 이러한 모든 포인트는 정확한 법적 텍스트와 데이터에 대한 GPT 모델 교육이 필요하다. 이들은 본질적으로 생성적이므로 상황에 맞는 예를 입력으로 사용하여 생성되며 GPT 모델은 교육받은 데이터 세트만큼 우수하다. 또한 최종 결과는 모델이 수행하려는 특정 작업, 데이터 품질, 개발자의 기술, 인공지능 시스템을 개발할 때 고려해야 하는 윤리적 고려 사항에 따라 결정된다.

기술적으로 가장 숙련되지 않은 사람도 챗GPT를 사용하기 쉽다는 것을 알게 될 것이다. 텍스트 입력 프롬프트에서 쿼리를 요청하는 것만으로도 챗봇과 통신할 수 있다.

인공지능이 법률 산업을 개선할 수 있는 충분한 잠재력을 가지고 있지만 책임 및 공정성 문제와 같은 많은 윤리적 및 법적문제도 제기한다는 점은 주목할 가치가 있다. 법률 전문가는 이러한 문제를 인식하고 업무에 인공지능을 통합하기 시작할 때 이를 해결하기 위한 조치를 취하는 것이 중요하다.

'세계 최초 로봇 변호사' 미국 과속 딱지 사건에서 인간 변호

기술은 번개처럼 빠른 속도로 세상을 장악하고 있다. 자율주행차에 깊은 인상을 받았다면 인공지능으로 구동되는 로봇변호사를 만나보자. 인상적인 세계 최초의 로봇변호사가 실제 법정에서 고객을 변호한다. 두낫페이의 CEO인 조슈아 브라우더는 자신의 트위터에서 AI 변호사를 세상에 소개했다. 그의 트윗에서 그는 직장에서 미래기술의 화면 녹화를 공유했다. 브라우더는 이 클립이 두낫페이의 챗GPT 봇이 컴캐스트챗(Comcast Chat)과 대화하는 모습을 보여준다고 언급했다. 이것은 최초의 컴캐스트 법안이 협상되었다. 이는 두낫페이의 엔지니어가 인터넷 청구서에서 연간 120달러를 절약하기 위한 것이다. 이 서비스는 곧 공개될 예정이다. 온라인 양식, 채팅 및 이메일에서 작동한다. 브라우더는 또한 인공지능이 아직 완벽하지 않다고 언급하면서 조금 너무 예의 바르다고 말했다. 그러나 출시 전에 지속적으로 개선된다.

두낫페이는 세계 최초의 로봇 변호사의 개발사이다. 홈 페이지의 앱은 이 인공지능이 버튼을 눌러 기업과 싸우고 관료주의를 물리치며 누구라도 고소하는 것에 도움이 될 것이라고 언급했다. 두낫페이 앱은 인공지능을 사용하여 고객이 대기업과 싸우고 주차 딱지, 은행 수수료 호소, 자동녹음전화 고소와 같은 사건을 해결하도록 돕는다. 공식 웹사이트에 따르면 두낫페이 앱의 목표는 공평한 경쟁의 장을 만들고 모든 사람이 법률 정보와 자조에 접근할 수 있도록 하는 것이다.

언론 기자들의
종말이 온다

인기 뉴스 매체는 인공지능이 생성한 전체 기사를 조용히 게시한다. 그리고 독자들은 AI 기자임을 눈치채지 못한다. 이 언론사 출판물의 정교한 표현은 오픈AI의 GPT-3와 같은 기능을 사용하고 있다. 뿐만 아니라 다른 유명 언론사들도 인공지능이 작성한 뉴스를 게시한다면서 자랑스럽게 선언하는 추세이다.

인공지능의 인간 기자 대체 가능성 대두

이제 인간 기자가 곧 필요없을 수도 있다. 인간 기자들은 부패할 수도 있다. 그러나 인공지능 기자들은 부정부패와 연결될 필요가 없다. 그들은 집도 절도 필요없고 무자식에 돈이 필요하지도 않다.

다음에 즐겨찾는 뉴스 사이트를 방문하면 실제 사람이 작성한 것인지 확인하기 위해 바이라인(Byline, 신문이나 잡지 기사의 서두나 말미에 필자 이름을 적은 행)을 다시 확인하고 싶을 수 있다.

매우 인기 있는 기술뉴스 매체인 CNET은 지난해 11월경 시작된 것으로 보이는 금융 설명 기사의 새로운 물결에 '자동화 기술'(인공지능에 대한 문체 완곡어법)의 도움을 조용히 사용하고 있다. 공식적인 발표나 보도가 없는 상황에서 온라인 마케터인 가엘 브레튼(Gael Breton)이 수요일 트윗에서 처음 발견한 것으로 보인다. 이 기사는 'CNET 머니 스태프(CNET Money Staff)'라는 이름으로 게시되며 "더 나은 요금을 위해 초기 CD를 깨야 할까?"이나 "젤(Zelle)은 무엇이며 어떻게 작동할까?"와 같은 주제를 포함한다.

그 바이라인은 분명히 전체 그림을 그리지 않으므로 사이트를 방문하는 일반 독자는 자신이 읽고 있는 내용이 인공지능으로 생성된 것인지 모른다. 'CNET 머니 스태프'를 클릭해야만 실제 '저자'가 드러난다. 즉, "기사가 자동화 기술을 사용하여 생성되었으며 편집진의 편집자가 철저하게 편집하고 사실을 확인했다"라는 내용이 기재된다.

프로그램을 사용하기 시작한 이후 CNET은 약 73개의 AI 생성 기사를 발표했다. 인공지능에 의한 기사가 그다지 많지 않은 이유는 프로그램에 대한 공식발표가 있기 전까지 경영진이 모험을 최대한 적게 하려고 조심하기 때문일 것이다. CNET은 인공지능이 생성한 기사에 대한 질문에 응답하지 않았다.

그러나 브레튼의 관찰에 따르면 구글이 작년에 인공지능으로 생성된 콘텐츠를 처벌하겠다고 약속했지만 일부 기사는 많은 양의 트래픽을 끌어들이는 것으로 보인다.

인공지능으로 생성된 기사는 새로운 것이 아니다. 이미 인터넷에는 사람이 쓴 기사를 복사하고 표절을 난독화하기 위해 특정 단어를 동의어로 바꾸는 것과 같은 낮은 수준의 기술이 많이 있다. 인공지능 사용은 낮은 수준에만 국한되지 않는다. 유명한 통신사인 AP 통신도 2015년부터 인공지능을 사용하여 수천 건의 수익보고서를 자동으로 작성했다. AP는 스스로를 '인공지능을 활용한 최초의 뉴스 조직 중 하나'라고 자랑스럽게 선언하기도 했다.

AP의 자동생성 자료는 기본적으로 사전 결정된 형식으로 공백을 채우는 것처럼 보이는 반면, CNET 출판물의 보다 정교한 표현은 오픈인공지능의 GPT-3과 더 유사한 것을 사용하고 있음을 시사한다.

그럼에도 불구하고 인공지능 사용에 대한 AP의 정당성과 업계 전반에 걸쳐 채택되고 있는 화두는 인공지능은 언론인과 다른 직원들이 지루한 요약문을 작성하지 않아도 되도록 해준다는 것이다.

CNET이 인공지능을 사용하여 생성한 전체 설명 내용을 살펴보자면, 주도권은 이미 이동한 것처럼 보이며 인간이 그 주도권을 찾아오지 못할 수도 있다.

언론인을 위해 할 수 있는 8가지 작업

인공지능이 언론인을 대신할 수 없다. 아직은 인공지능의 역할이 주 담당자가 아닌 조수 정도이다. 하지만 반복적인 일을 해야 하는 일상의 지루함을 인공지능이 어느 정도 대신해줄 수 있다. 이렇게 AI를 활용한다면 언론인은 가장 잘하는 일인 실제 저널리즘에 집중할 수 있다.

뉴스룸의 인공지능과 관련하여 언론인은 일반적으로 두 진영으로 나뉜다. 인공지능의 능력을 지나치게 신뢰하는 사람과 새로운 기계학습 도구를 아예 만지지 않으려는 사람이다.

프롬프트에 대해 인간과 같은 응답을 생성하도록 훈련된 인공지능 기반 도구인 챗GPT가 헤드라인을 장식했다. 일부 뉴스 조직에서는 기사를 작성하는 데 사용하기도 했는데 이는 그다지 좋은 생각은 아니었다. 그렇다고 챗GPT가 언론인에게 유용하지 않다는 의미는 아니다. 할 수 있는 일과 할 수 없는 일이 명확하다면 이 도구는 사소한 작업을 도와 청중에게 중요한 이야기에 집중할 수 있도록 도와줄 수 있다.

그러나 챗GPT를 사용할 때 주의해야 할 점도 있다.

챗GPT로 작업할 때는 스마트하지만 실상은 그렇게 스마트하지는 않다는 점을 명심해야 한다. 챗GPT는 의도가 없는 기계이다. 그것은 언론인을 돕거나 오도하기를 원하지 않으며, 현실과 도덕에 대한 개념이 없다. 챗GPT는 말 그대로 학습된 많은 정보를 기반으로 텍스트를 생성할 뿐이다.

이로 인해 생성되는 모든 것을 사실상 확인해야 한다. 텍스트가 사람에 의해 작성되었는지 확인하는 데 필요한 것 이상이다. 챗GPT는 거의 항상 상대방의 질문에 답변하며 실제 정보가 없는 경우 질문을 구성할 수 있다. 이름, 장소 등을 사실인지 확인하고 모든 것이 잘 들어가 있는지 항상 확인해야 한다.

챗GPT는 편향된 답변에 대해서도 훈련되었다. 예를 들어 과거와 현재의 인간이 여성이나 소수자에 대해 쓴 것에 대해 훈련되었다. 챗 GPT가 성차별적이거나 인종차별적인 대답을 하지 않도록 훈련을 받은 것으로 알려져 있지만 해를 끼칠 수 있는 어떠한 것도 사용하지 않도록 확인해야 한다.

이러한 주의 사항을 염두에 둔다면 챗GPT의 문제가 어느 정도 해결되어 도움을 받을 수 있는 작업은 다양하다.

1. 긴 텍스트 및 문서의 요약 생성

챗GPT는 긴 텍스트를 요약하는 데 상당히 능숙하다. 이것은 새로운 보고서나 연구보고서 또는 기타 문서를 빠르게 스캔해야 할 때 유용하다. 이때 챗GPT에게 가장 중요한 사항을 알려주거나 인용문을 선택하거나 저자에 대한 정보를 찾도록 요청할 수도 있다.

2. 질문과 답변 생성

익숙하지 않은 주제에 대해 작업하거나 새로운 각도를 찾을 때 유용하다. 챗GPT는 사건, 개인 및 거의 모든 것에 대한 조사를 수행하는 데 도움을 줄 수 있다. 언제나 그렇듯이 답을 모를 때는 유쾌하게 꾸며내므로 떠오르는 모든 것을 3회 정도 확인해야 한다. 예를 들어 주어진 주제에 대해 인터뷰할 전문가의 이름을 제공하도록 요청할 수 있고, 일반적으로 건전한 제안을 제시해야 한다. 그러나 주제가 너무 명확하지 않은 경우 챗GPT는 특정 국가의 전문가처럼 들리는 완전 새로운 가상의 이름을 생성할 수 있다.

3. 인용문 제공

챗GPT에 특정 개인의 인용문을 찾도록 요청할 수 있고, 그에 따라 원하는 인용문을 발견할 가능성이 있다. 그러나 찾아낸 인용문이 다른 작가의 작품일 가능성도 있다. 즉, 표절일 수도 있고 꾸며낸 것일 수도 있으므로, 출처를 확인하는 데 시간을 더 할애해야 상황이 발생할 수 있다. 이 인용문을 제공하는 기능은 논란의 여지가 있기도 하다.

4. 헤드라인 생성

챗GPT는 뉴스의 헤드라인을 생성할 수 있다. 헤드라인을 재미있거나 부정적이거나 긍정적으로 만들거나 전문 용어를 제거하거나 특정 단어 수로 만들도록 자세히 요청할 수 있다. 주의할 점은 챗GPT가 수학에 어려움을 겪고 있다는 점이다. 항상 최종 결과물인 헤드라인의의 단어 수를 세고 실수한 경우 다시 작성하도록 요청한다. 이는 챗GPT의 도움을 받을 때 매우 자주 있는 일이다.

5. 기사를 다른 언어로 번역

다른 인공지능 기반 번역 도구와 번역 품질은 매우 유사한 편이다. 때로 이상한 번역 때문에 웃을 일도 생길 수 있다. 그러나 다른 언어로 된 텍스트에 대한 일반적인 이해가 필요한 경우 유용할 것이다. 좀 더 정확한 정보를 얻으려면 구글 번역을 사용하는 것이 좋다.

6. 이메일 제목 생성 및 이메일 작성

이메일 작성이나 이메일 제목 생성하는 것은 가장 지루한 사무실 작업 중 하나이다. 이러한 작업을 기계에 아웃소싱할 수 있다는 것은 꿈만 같은 일이 아닐 수 없다. 최종 버전을 편집해야 하지만 챗GPT는 하나의 신속한 프롬프트로 사운드 메시지를 생성할 수 있으므로 소스나 동료에게 이메일을 보내는 작업을 신속하게 마무리할 수 있다. 빈칸만 채워서 보내면 해결된다. 진정한 시간 절약을 할 수 있다.

7. 소셜 게시물 생성

이메일과 마찬가지로 소셜에 게시하는 것도 유용하지만 상대적으로 시간이 많이 걸린다. 챗GPT에 주제에 대한 트윗이나 링크드인 게시물을 작성하도록 요청한다. 그러면 인간은 더 가치 있는 작성을 위해 시간과 두뇌를 확보할 수 있다.

8. 기사에 대한 맥락 제공

챗GPT에 올해 영국 철도가 파업한 이유와 같은 뉴스 기사에 대한 맥락과 상황을 제공하도록 요청할 수 있다. 그러면 챗GPT는 매우 정확한 정보를 찾아줄 수 있다. 그러나 다른 작업들과 마찬가지로 이 작업이 성공하지 못할 수 있다. 그러므로 항상 다시 확인해야 한다.

또한 어떤 것이 어떻게 작동하는지 설명할 수 있으며, 이는 기사에 일반 언어로 된 짧은 설명 내용을 추가해야 하는 경우에 유용할 수 있다.

많은 사람들이 챗GPT를 사용하여 기사를 작성할 수 있다고 기대하기도 하고 우려하지만 아직 완벽하지는 않다. 챗GPT의 글은 읽기가 어렵기도 하고 이해가 안 될 때도 많다. 뉴스의 사건과는 관계가 없거나 관계자가 진실을 말하고 있지 않다는 것이 시청자나 독자에게 감지될 수도 있다. 인터뷰 중인 다른 사람과 연결할 수도 없다. 따라서 챗GPT의 기능을 그다지 신뢰하지 않으면서 이 도구를 활용한다면 과연 시간과 노력을 절약할 수 있는지 스스로 확인해보아야 한다. 결국 챗GPT는 아직까지는 주 담당자가 아니라 조수라고 생각하고 활용해야 한다.

의사를 위한
챗GPT의 잠재적 용도

의학에서 챗GPT는 의료 제공자와 환자 모두가 나누는 대화의 주요 주제이다. 이 혁신은 환자 기록 및 정보 요약, 임상 의사 결정 시스템 향상, 환자 교육 개선, 환자 FAQ에 대한 답변을 제공한다. 이 기술은 의학 분야에서 많은 응용 분야를 가지고 있지만 아직 널리 채택되는 데 장애물이 남아 있다.

챗GPT의 전반적인 의료 지원

챗GPT는 출시 첫 주 만에 100만 명의 사용자를 모았다. 이러한 사용자 중에는 의료 관리의 가까운 미래로 인공지능에 기대는 의료 전문가가 있다. 챗GPT는 다음과 같은 방식으로 의료 지원의 새로운 단계를 안내한다.

· **환자 기록 및 정보 요약** : 인공지능과 기계 학습의 힘을 활용함으로

써 챗GPT는 의사의 디지털 비서 역할을 하도록 학습될 수 있다. 이 기술은 환자 기록에서 필수 정보를 추출하고 데이터를 가족력, 증상, 현재 약물, 잠재적 알레르기, 실험실 결과 등으로 그룹화한다. 인공지능을 통해 이 정보를 쉽게 사용할 수 있으므로 의사는 환자의 요구를 더 빠르게 평가할 수 있다. 이 기능을 사용하면 환자 치료의 주요 영역에 보다 명확하게 집중할 수 있다.

- **임상 의사 결정 시스템 향상** : 임상 의사 결정 지원 시스템은 환자 치료에 대한 의사의 권고에서 오랫동안 중요한 역할을 해왔다. AI 및 기계 학습 도구를 사용하여 이러한 시스템을 개선하면 환자 치료에 대한 결정과 그 결과를 개선할 수 있다.

  글로벌 AI 및 디지털 건강 플랫폼인 바빌론(Babylon)의 설립자이자 CEO인 알리 파르사(Ali Parsa) 의학박사는 환자와의 상호 작용과 치료는 채팅 우선, 가상 치료는 두 번째, 대면 치료는 세 번째를 통해 본질적으로 제공되어야 한다. 환자 정보로 어느 정도 상황을 파악한 GPT-3와 같은 AI 모델을 통해 구동되는 대화형 시스템을 활용하면 환자에게 보다 개인 맞춤형의 정확한 임상적 답변을 제공할 수 있을 것이다."라고 말한다.

- **관리 기능 자동화** : 연구에 따르면 의사와 직원은 환자 약물, 절차 및 기타 의료 서비스에 대한 보험 승인을 탐색하는 데 주당 약 16.4시간을 소비한다. 행정 업무에 집중하면 의료 서비스를 제공할 시간이 줄어든다.

  챗GPT는 일정 예약, 메모 간소화, 기타 반복적인 일상 작업과 같은 관리 작업을 수행하는 데 사용할 수 있다. 파르사 박사는 대화형 인공지능은 개선된 임상 치료의 자동화 및 제공을 지원할 수 있다. 자동화 측면에서 예를 들면 의뢰서 작성의 임상 상담 요약이 포함된다고 말한다. 또한 그에 말에 따르면 적절한 챗GPT는 프롬프트를 사용하여 사전 승인, 보험 거부에 대한 항소 그리고 기타 청구를 요청하는 서신을 작성하도록 훈련받을 수 있다.

- **환자 교육 개선**: 의사는 챗GPT를 활용할 때 알고리즘의 단순화된 구문을 사용하여 전반적인 치료에 있어서 환자에게 정보를 제공할 수 있다. 현재 병력, 치료 계획, 후속 절차를 문서화한 임상 노트는 일반적으로 전문적인 언어로 되어 있기 때문에 환자가 이해하기 어렵다. 챗GPT는 이러한 환경에서 의료 메모나 처방전에 대해 환자의 이해를 도울 수 있다. 또한 환자는 챗GPT를 통해 제안된 라이프스타일을 단순화하는 방법을 배울 수 있다.

- **환자 FAQ에 대한 답변 제공**: 의사는 급변하는 환경에서 일하기 때문에 종종 환자가 의사와 직접 접촉하고 질문에 대한 답을 얻는 것이 어렵다. 챗GPT의 도움을 통해 환자는 전문가의 의견을 직접적으로 자주 접해볼 수 있다. 챗GPT는 치료 정보의 공백을 메워 의사를 지원할 수 있다. 그 알고리즘의 기능은 상태 진단이나 관리에 대한 환자의 질문에 답하는 것을 목표로 한다.

의료 분야에서 챗GPT 채택에 대한 과제

유망한 챗GPT 기술은 의료 분야에서 널리 채택되는 데 어려움을 겪고 있다. 우선, 다른 분야와 마찬가지로 알고리즘을 훈련하는 데 사용되는 정보는 2021년까지만 진행되므로 2021년 이후에 대한 유용성이 제한된다.

또한 사용자는 알고리즘에 의해 입력된 답변의 정확도에 대한 도움이 필요하다. 챗GPT는 설명을 구성하거나 사실에 따라 잘못된 정보를 제공하는 것으로 알려져 있다. 그리고 불확실성을 인정할 수 있는 인간의 상호 작용과 달리 이 모델은 잠재적 오류에 대한 경고 없이 잘못되었거나 편향되거나 부적합한 답변을 배포할 수 있다.

챗GPT는 변경하는 데 시간이 걸리는 복잡한 시스템이다. 시스템 구축에 대한 장애물은 여전히 남아 있다. 개인 맞춤형 의료 서비스를 제공할 수 있는 챗GPT와 같은 기술을 활용하여 일상적인 가치를 실현하는 것은 혁신가에게 달려 있다.

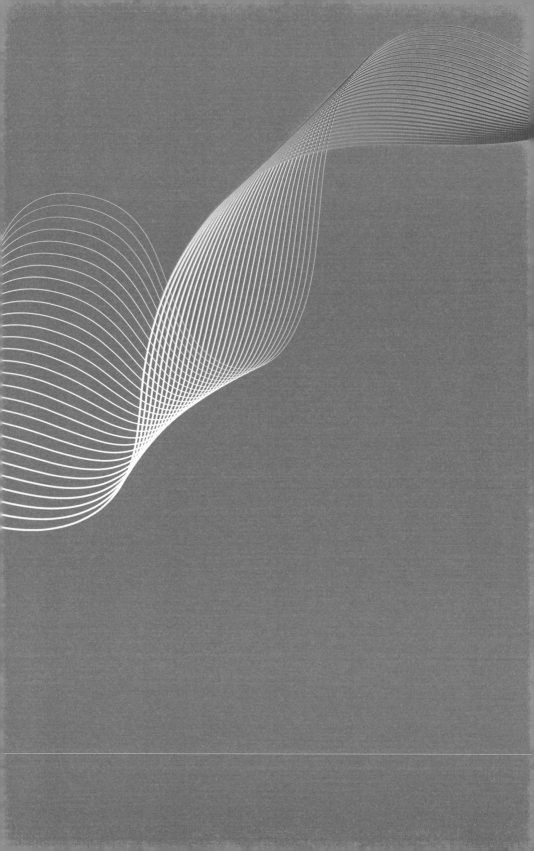

PART 4

'AI 뉴 노멀' 시대를 이끄는 빅테크

2045년 인간-AI 상호작용의 변곡점

이러한 변동성과 순전히 변화의 속도는 2045년까지 많은 사람들에게 '정신적 혼란'을 일으킬 것이다. 즉, 인류가 역사상 중요한 순간에 도달하고 있다는 느낌이다.

2045년까지 인공지능은 인간 사회와 문화를 심오한 방식으로 재구성하기 시작하는 발전 수준에 도달했다. 2045년은 미래학자 레이 커츠와일(Ray Kurzweil)이 가정한 이른바 기술적 특이성의 해이다. 커츠와일이 많은 구체적인 미래 예측에서 지나치게 낙관적인 경향이 있었지만, 기술의 기하급수적 성장이라는 그의 기본 전제는 정확한 것으로 입증되었다.

1999년 Y2K 구축, 2012년 마야달력 예측, 그리고 2045년까지의 미래에 대한 많은 추측이 있다.

인터넷은 소문과 특이점 관련 밈으로 떠들썩하다. 이 이야기의 대부분은 많은 사람들에게 정상적인 삶을 영위하는 근거 없는 과대 선전이지만, 2045년의 '정상'은 이전 수십 년의 관찰자들에게 놀랍도록 빠른 속도로 변화하고 있다.

2020년부터 2045년까지의 기술 도약은 1995년부터 2020년까지 같은 기간 동안의 기술 도약보다 훨씬 더 눈에 띈다. 이제 2045년부터 2070년까지 예상되는 도약은 훨씬 더 커 보인다.

예를 들어 로봇은 일상 사회에 널리 퍼져 있게 되며 그 수는 지난 수십 년 동안 엄청나게 증가한다. 로봇은 공장, 농장 및 산업 환경에서 어디에나 있으며 인간의 전통적인 수작업을 많이 없애고 대체한다. 또한 이러한 기계는 더 많은 공공 환경에서 가시성을 확보하여 많은 도시, 마을 및 교외에 미래적인 모양과 느낌을 제공한다.

터치스크린 스마트폰이 약 40년 전에 공상과학소설에서 현실로 옮겨온 것과 유사하게, 이러한 로봇은 빠르게 일상적인 삶의 일부로 받아들여지고 있다. 여기에는 거리와 공원의 완전 자동화된 폐기물 수거, 사무실과 호텔의 로봇 청소기, 로봇 보안 순찰, 식료품 및 기타 배달용 로봇이 포함된다.

이러한 애플리케이션은 2010년대에 등장하기 시작했다. 기하급수적인 성장에 이어 2045년에는 흔히 볼 수 있다. 또한 두발로 걷는 휴머노이드 폼 팩터는 특히 가정 및 기타 실내 환경에서 새로 배치되는 장치의 비율이 증가하고 있다. 25년 전에 비해 컴퓨팅 성능이 10,000배 향상되어 2045년 로봇은 인간의 감독 없이 독립적으로 다양한 작업을 수행할 수 있다.

수년 전, 심층 학습과 자연어 처리의 발전으로 인간 작가와 구별할 수 없는 텍스트 부분을 생성할 수 있게 되었고, 이로 인해 챗봇은 이 분야의 주요 랜드마크인 튜링 테스트(Turing test, 인간의 것과 동등하거나 구별할 수 없는 지능적인 행동을 보여주는 기계의 능력에 대한 테스트)를 통과했다.

이 자연어 처리와 함께 인공지능은 실제 환경과 점점 더 다양한 3D 개체를 마스터할 수 있는 능력을 얻었다.

초기 로봇이 '고정된' 움직임으로 제한되었던 반면, 이제 부상하는 로봇 세대는 새로운 상황에 적응하고 점점 더 많은 문제를 해결하는 역동성과 유연성을 더 많이 갖추게 되었다.

이러한 기능은 5G 및 6G 무선 통신과 센서에서 수집되는 기하급수적으로 증가하는 데이터 양으로 인해 기능이 향상되어 로봇이 경험을 통해 학습하고 서로에게 지식을 전파할 수 있다. 과거에는 제한된 처리 능력으로 인해 로봇이 물체나 상황 및 필요한 상호 작용을 식별하는 데 몇 분씩 소요되는 경우가 많았다. 그러나 2045년까지는 이러한 계산이 거의 실시간으로 수행되어 훨씬 더 인간과 같은 반응을 가능하게 한다.

몇 가지 기술적 장애물이 남아 있지만 이것은 많은 사람들이 인공일반지능(AGI)이라고 생각하는 것과 비슷하다.

인지 능력 외에도 최신 로봇 중 일부는 인간과 매우 닮은 생생한 모습을 얻었다. 가장 발전된 모델은 이제 '불쾌한 계곡'을 건너고 있으며 얼굴과 몸이 실제 사람과 거의 비슷하지만 완전하지는 않다.

이 이상하고 불안한 현상은 보다 자연스러운 얼굴 표정과 팔다리 움직임에 대한 수요를 불러일으키고 있다.

이 문제는 생성적 적대적 네트워크와 다소 유사한 프로세스에서 모션 캡처와 같은 기술과 결합된 사용자 피드백(로봇이 사람의 좋거나 나쁜 감정적 반응을 자동 감지할 수 있음)으로 해결된다. 이러한 데이터의 미묘한 반복은 '최상의' 모양과 움직임을 결정하는 데 사용되어 연속 세대의 기계에서 점진적인 최적화를 허용한다.

3D 프린팅된 뼈는 인체 해부학에서 모두 206개에 달하며 더 유연한 피부와 근육, 더 사실적인 눈과 치아를 위해 개발된 신소재와 함께 나머지 문제를 해결하는 데 도움이 된다. 이러한 최첨단 프로토타입(Prototype)은 일반 대중에게는 거의 볼 수 없으며 대부분 정부, 기업, 연구 기관, 부유하고 유명한 가정, TED 강연 등으로 제한된다. 그러나 이제 덜 발전된 모델은 사회에서 비교적 일반적이다. 그들은 중상위 소득 계층의 사람들에게 인기가 있으며 비용면에서 두 번째 자동차나 유사한 주요 구매와 비슷하다. 이 모델 역할에는 청소, 요리, 정리정돈과 같은 집안일과 어린이, 노인 가족을 돌보는 일이 포함된다.

일반적으로 소유자의 소유지나 인근 지역에 지오펜스(Geo-fence)가 있지만 이러한 안드로이드는 더 멀리서도 볼 수 있다. 로봇은 운동장, 육상 트랙, 공원 및 기타 레저 환경에서 훌륭한 훈련 파트너 역할을 한다. 동작을 복제할 수 있어서 테니스 챔피언의 재현과 대결하거나 유명한 복서와 대결할 수도 있다. 올바른 모션 캡처를 사용하면 소유자는 원하는 경우 자신의 버전과 대결할 수도 있다.

안드로이드는 기능이 제한된 초보적인 형태지만 수십 년 전에 섹스 산업에 등장했다. 2045년의 섹스로봇은 비교할 수 없을 정도로 정교하고 매력적이어서 많은 고객(대부분 남성)이 기계와 장기적인 관계를 형성하고 있다. 인간과 로봇의 결혼은 2010년대 후반에 일부 관할권에서 합법화되었다. 사회에서 로봇의 확산을 둘러싼 많은 도덕적, 윤리적, 법적, 경제적, 철학적 문제가 있다. 이 모든 문제는 이 시기에 '미래 충격'에 대한 인식이 커지는 데 기여한다.

2045년에는 다른 특이점과 같은 효과가 나타나고 있다. 여기에는 뇌-컴퓨터 인터페이스의 급속한 발전이 포함되어 인공지능과 인간 지능의 심층 통합을 가능하게 한다. 또한 의학을 넘어 게임, VR, 교육과 같은 소비자 용도로도 확장된다.

대면 기술은 일반적으로 인간 수준의 시력에 근접한 생체 공학 눈과 이제 개별 혈액 세포 크기에 접근하는 단일 칩 장치와 같이 매우 정교하고 소형화되고 있다. 한편, 최근 인간 회춘 실험의 성공 덕분에 수명 연장 옵션이 현실적인 전망으로 보인다.

인공지능과 로봇공학의 급속한 성장은 다른 많은 파괴적 기술과 함께 지정학적 혼란의 시기에 일어나고 있다. 세계는 이전에는 볼 수 없었던 사회적, 경제적, 환경적 문제의 융합으로 씨름하고 있다. 이러한 변동성과 순전히 변화의 속도는 2045년에 많은 사람들에게 '정신적 혼란'을 일으키고 있다. 즉, 인류가 역사상 중요한 순간에 도달하고 있다는 느낌이다.

AI가 우리 삶에
영향을 미치는 8가지 방식

기술은 보다 깨끗하고 안전하며 포용적인 세상을 만드는 데 중요한 도구
가 된다. 메타버스, 스마트 글래스, 양자 컴퓨팅, 5G, 대형 언어 모델 등 우
리가 알고 있는 세상은 우리가 처음 상상했던 것과 결코 같을 수 없으며 우
리는 누구나 누릴 수 있는 서비스의 민주화를 보게 된다.

1. 기술이 생산성을 높이고 있다.

퀄컴 인코퍼레이티드(Qualcomm Incorporated)의 사장 겸 CEO인 크
리스티아노 아몬(Cristiano Amon)은 사물이 더 지능적이고 연결되어야
한다는 엄청난 수요 속에서 점점 더 디지털 방식으로 운영을 혁신하려
는 기업이 늘고 있다고 말한다. 특히 현재의 경제 환경에 대해 이야기
할 때 기업이 더 효율적이고 생산적이 되기 위해 기술을 디지털 방식으
로 변환하고 사용하려는 욕구가 있음을 알 수 있다.

2. 안경이 휴대폰을 추월한다.

컴퓨터가 개인용 컴퓨터에서 휴대폰으로 발전한 것처럼 컴퓨팅 플랫폼이 계속 진화함에 따라 컴퓨팅의 미래는 가상이 될 것이라고 아몬은 말한다. 현재 우리가 화상 통화로 알고 있는 것, 특히 코로나 이후에는 곧 스마트 안경을 통해 보이는 홀로그램 이미지가 된다.

기술 트렌드는 물리적 공간과 디지털 공간의 융합이다. 이것이 차세대 컴퓨팅 플랫폼이 될 것이며 결국에는 휴대폰만큼 커지게 된다. 우리는 10년 안에 일어날 일에 대해 생각해야 한다.

3. 양자 컴퓨팅의 부상

IBM 코퍼레이션(IBM Corporation)의 회장 겸 CEO인 아르빈드 크리슈나(Arvind Krishna)에 따르면 양자 컴퓨팅은 고전적인 컴퓨팅을 대체하지는 못하지만 재료, 화학, 암호화 및 최적화 문제와 같은 물리적 세계의 문제를 몇 년 내에 해결하기 시작할 것이라고 한다. 사실, 양자 컴퓨팅은 이미 너무 훌륭해서 지금 생각하고 싶을 수도 있다. 모든 사람이 정말로 관심을 갖고 있는 모든 데이터에 대해 지금 양자 증명 복호화에 투자할 필요가 있다.

4. 5G는 더 많은 사용 사례를 창출한다.

바티 엔터프라이즈(Bharti Enterprises)의 회장인 수닐 바티 미탈(Sunil Bharti Mittal)은 5G가 드론 관리, 로봇 수술, 자율 주행 차량을 포함한 많은 새로운 사용 사례를 창출할 것이라고 말했다. 산업용 애플리케이션은 특히 더 큰 용량으로 인해 이점을 얻을 수 있다. "그 사이에 사람들은 일반 장치에서도 더 나은 연결, 더 빠른 속도 및 더 짧은 대기 시간에 익숙해질 것이다."라고 경고한다. 한편으로 그는 다음과 같이 조언하기도 한다. "많은 비용이 들 것이다."

5. 챗GPT와 같은 기술이 표준이 된다.

대규모 언어모델은 하나의 기반에 여러 모델을 보유할 수 있도록 하여 인공지능(AI) 비용을 낮추고 속도 이점을 제공하기 때문에 기본이 될 것이라고 크리슈나는 말한다. 코드가 언어의 한 형태일 수 있고 언어의 다른 형태가 될 수 있는 것은 무엇일까? 법률 문서, 규제 작업 등으로 이동할 수 있기 때문에 언어를 넘어서 언어가 주어질 것이다.

6. 위대한 일에는 좋은 데이터가 필요하다.

최근 챗GPT에 대한 열광은 많은 양의 데이터를 보유할 수 있는 잠재력과 데이터로 할 수 있는 훌륭한 일을 보여 주었지만 '좋은' 데이터의 필요성도 강조했다고 액센츄어(Accenture)의 회장 겸 CEO인 줄리 스위트(Julie Sweet)는 말한다. "우리는 모두가 그것에 대해 이야기하면서 지금 일어나고 있는 일을 좋아한다. 많은 경우에 사람들은 외부 데이터에 연결하는 정말 깨끗한 데이터가 필요한 이유에 대해 의심해 왔기 때문에 특정 사용 사례에 대해 이러한 기본 모델을 사용한다. 많은 것이 디지털 제조, 농업, 산업 사용 사례에 있을 것이다. 모든 사람에게 올바른 데이터를 가져와야 한다는 것을 상기시켜 준다."

7. 메타버스는 매우 빠르게 진화하고 있다.

메타버스는 새로운 것을 창조하는 동시에 인간의 필요를 활용하기 때문에 예상보다 빠르게 진화하고 있다. 인간의 필요에 대해 우리가 발견한 것은 함께 경험에 몰두할 때 더 잘 배우고 일을 더 잘할 수 있다는 것이다. 2025년까지 메타버스의 영향으로 1조 달러의 수익이 발생할 것으로 예상된다.

8. 우리는 서비스의 민주화를 보게 된다.

미탈은 현재 엘리트나 부유층만 사용할 수 있는 제품과 서비스의 민주화 덕분에 우리 손자들은 매우 다른 세상에서 살게 될 것이라고 예측한다. 이렇게 앉아 있는 메타버스에서는 오늘날 우리가 경험하고 있는 것을 경험하기 위해 아마도 전 세계에서 수백만 명의 사람들이 합류하게 될 것이다. 매일 사람들의 삶에 실제로 영향을 미치는 기술의 이점을 보게 될 것이며 그들은 우리와는 매우 다른 삶을 살게 될 것이다.

CHATGPT 3

챗GPT 세계에서 양자 컴퓨팅 역할

챗GPT 세계에서 양자 컴퓨팅의 역할은 거대하다. 양자 컴퓨팅 기반 챗봇은 더 작은 데이터 세트에서 배울 수 있다. 양자 컴퓨팅은 NLP와 궁극적으로 챗GPT를 포함한 생성 AI에서 역할을 한다.

오픈AI가 개발하고 작년 말에 출시한 챗GPT는 시 쓰기, 농담하기, 관계 조언 제공, 복잡한 주제 설명, 학교 과제 부정행위 등 어디에나 있다.

컴퓨터가 텍스트를 이해하고 생성할 수 있도록 하는 언어 처리 기술인 오픈AI의 LLM(대형 언어 모델)을 사용한다. 그들은 맥락과 의미를 파악하기 위해 수십억 페이지의 자료를 검토함으로써 훈련을 받는다.

챗GPT는 오디오, 코드, 이미지, 텍스트, 시뮬레이션 및 비디오를 포함하여 새로운 콘텐츠를 생성하는 데 사용할 수 있는 알고리즘을 설명하는 생성 인공지능의 한 예이다.

그 과정의 일부는 언어학, 컴퓨터 과학 및 인공지능을 결합하여 인간이 언어를 사용하는 방식을 이해하고 모방하는 자연어 처리(NLP)이다.

양자 컴퓨팅은 크고 복잡한 데이터 세트에서 패턴을 발견하여 인공지능을 개선하는 데 이미 그 가치를 입증하고 있다.

기술 분석가이자 컨설팅 회사인 오범(Omdia)의 수석 양자 컴퓨팅 분석가인 샘 루세로(Sam Lucero)는 자연어 처리(NLP), 궁극적으로 챗GPT와 일반적인 생성 인공지능에서 양자 컴퓨팅의 역할을 보고 있다. 양자 자연어 처리(QNLP, Quantum Natural Language Processing)라는 연구 분야가 이미 있다.

양자 컴퓨팅의 두 가지 잠재적 이점은 다음과 같다.

첫 번째는 솔루션을 찾기 위해 훨씬 더 큰 '검색 공간'을 활용할 수 있다는 것이다. 실질적으로 말하면, 예를 들어 관용어 작업에 훨씬 더 우수하거나 한 언어의 품사가 두 번째 언어와 구조가 매우 다른 경우 더 잘 번역할 수 있음을 의미한다.

두 번째 잠재적인 이점은 동일한 수준의 능력을 달성하는 데 훨씬 적은 훈련 데이터가 필요하므로 훈련에서 훨씬 더 효율적일 수 있다는 것이다. 대형 기본 모델이 무어의 법칙보다 크기 면에서 더 빠르게 성장하고 있기 때문에 이것이 핵심일 수 있다. 따라서 비용, 에너지 소비, 데이터 가용성 및 환경 영향 문제가 문제가 된다. 예를 들어 양자 컴퓨팅은 인터넷에 비해 기업의 상대적으로 작은 데이터 기반에서 훈련할 수 있는 동시에 다른 쪽에서 유사한 추론 기능을 달성할 수 있다는 관점에서 기업에게 흥미로울 수 있다.

그러나 양자 컴퓨팅을 위한 많은 잠재적 응용 프로그램과 마찬가지로 실용적인 솔루션은 몇 년 후에나 나올 수 있다.

이러한 이점은 현재 이론적이지만 기존 자연어 처리보다 절대적인 이점을 제공하는 방식으로는 아직 달성할 수 없다. 생성 인공지능의 '장점' 발표에 가장 가까운 것은 엔터프라이즈 양자 소프트웨어 회사 자파타(Zapata)에서 나왔다. 하지만 자파타는 가능한 고전적 알고리즘이 아니라 일반적으로 사용되는 고전적 알고리즘에 대한 이점만 언급하는 데 집중했다. 특정 사례에서 생성 인공지능 접근 방식은 고정 프로필에 대한 동일한 수준의 수익에 대해 더욱 낮은 위험으로 주식 포트폴리오 권장 사항을 제공했다.

메타버스에서
GPT를 구현한다

챗GPT는 메타버스 빌더가 아이디어를 브레인스토밍하고 코드를 작성하며 데크와 이메일의 텍스트를 작성하는 데 사용되고 있다. 메타버스 업계 관계자는 챗GPT와 같은 AI 기술이 디테일이 풍부하고 사용자 정의가 가능한 가상세계를 구축하는 데 결정적인 역할을 할 것이라고 말한다.

많은 사용자가 공유하고 인터넷을 통해 액세스할 수 있는 가상 세계인 메타버스는 수십 년 동안 SF에서 인기 있는 개념이었다. 그러나 기술의 급속한 발전과 함께 메타버스가 먼 꿈이 아니라 실제 가능성이라는 것이 점점 더 분명해지고 있다. 메타버스가 구체화되기 시작하면서 GPT-3와 같은 다른 기술을 활용하여 메타버스 경험을 향상하고 형성하는 방법을 고려해 볼 가치가 있다.

사람들이 서로 그리고 가상 객체와 상호 작용할 수 있는 가상 세계인 메타버스의 미래는 가장 흥미롭고 빠르게 발전하는 기술 분야 중 하나이다. 메타버스는 물리적 세계에서는 불가능한 새롭고 독특한 경험을 제공함으로써 우리가 살고 일하고 노는 방식을 혁신할 수 있는 잠재력을 가지고 있다.

우리는 늘 꿈의 집을 상상한다. 높은 아치형 천장, 활활 타오르는 벽난로, 잔잔한 호수를 내다보는 넓은 창문이 있는 그 집. 아니면 불타는 행성에 앉아 외계인 집사로 가득 찬 숨쉬는 금속 돔일 수도 있다. 그 집들에 대한 한 단락을 작성한 다음 즉시 그 집의 가상 버전으로 들어가 모든 친구들을 데려올 수 있다면 어떨까?

메타버스에서 GPT를 구현하는 방법

오픈AI에서 개발한 GPT는 사람과 같은 텍스트를 생성하는 기능을 가지고 있으며 다양한 용도로 사용할 수 있다. 메타버스의 맥락에서 GPT는 잠재적으로 다양한 방식으로 사용될 수 있다.

- **가상 비서**: 메타버스에서 GPT를 잠재적으로 사용하는 한 가지 방법은 가상 비서나 챗봇을 만드는 것이다. 이러한 인공지능 기반 엔터티는 사용자가 메타버스를 탐색하고 특정 위치를 찾거나 다른 사용자와 상호 작용하는 것과 같은 작업을 완료하는 데 도움을 줄 수 있다. GPT는 가상 위치에 대한 설명이나 캐릭터 간의 대화와 같은 메타버스용 콘텐츠를 생성하는 데에도 사용할 수 있다.

- **인터랙티브 경험**: 메타버스에서 GPT의 또 다른 잠재적 용도는 대화형 경험을 만드는 것이다. GPT는 사용자 입력에 대한 응답을 생성하는 데 사용할 수 있으므로 보다 몰입감 있고 개인화된 경험을 제공할 수 있다. 이는 GPT를 사용하여 각 사용자에 대해 고유한 응답과 도전 과제를 생성할 수 있는 가상 이벤트나 게임에 특히 유용할 수 있다.

- **가상 캐릭터**: 메타버스에서 GPT를 잠재적으로 사용할 수 있는 한 가지 방법은 사실적이고 믿을 수 있는 가상 캐릭터를 만드는 것이다. GPT는 인간과 유사한 텍스트를 생성할 수 있는 기능이 있어 자연스럽고 생생한 방식으로 사용자와 대화할 수 있는 가상 캐릭터를 만드는 데 사용할 수 있다. 이것은 가상 조수, 가상 동반자 또는 가상 교사 또는 트레이너를 만드는 데 사용될 수 있다.

- **개인화된 몰입형 경험**: 메타버스에서 GPT를 적용할 수 있는 또 다른 가능성은 몰입형 대화형 경험을 만드는 것이다. 특정 가상 환경이나 활동과 관련된 데이터에 대해 GPT 모델을 교육함으로써 사용자의 관심과 선호도에 맞는 콘텐츠를 생성할 수 있는 시스템을 만들 수 있다. 이것은 각 사용자에게 고유한 개인화된 퀘스트나 모험 또는 도전을 만드는 데 사용될 수 있다.

이러한 상상의 세계는 이제 가능하게 된다. 챗GPT 및 DALL-E와 같은 최근 인공지능의 발전 덕분에 사용자가 자신만의 이상하고 몰입감 있는 세계를 만들 수 있는 미래가 멀지 않았다. 하반기에는 반도체

칩 제조업체 엔비디아(Nvidia)의 GET3D, 메타의 메이크어비디오 (Make-a-Video) 및 구글의 드림퓨전(DreamFusion)이라는 세 가지 새로운 텍스트-3D 생성기가 발표된다.

메타버스 빌더는 이미 챗GPT와 같은 텍스트 생성기를 사용하고 있다. 텍스트 프롬프트에 놀라운 침착함과 지능으로 응답하고 DALL-E 와 같은 시각적 생성기는 텍스트 프롬프트에서 이미지를 생성하여 새로운 세계와 디자인을 구상한다. 메타버스 업계 관계자는 이러한 인공지능 기술이 디테일이 풍부하고 사용자 정의가 가능한 가상세계를 구축하는 데 결정적인 역할을 할 것이라고 말한다.

모든 사람이 사진을 찍고, 비디오를 녹화하고, 글을 쓸 수 있기 때문에 인터넷을 흥미로운 내용으로 채울 수 있다. 우리가 3D 인터넷을 만들려면 콘텐츠를 만드는 데 참여하는 사람들이 있어야 한다. 인공지능이 우리를 도울 수 있는 유일한 희망은 인공지능이 우리를 도울 수 있다는 것이다."라고 말한다.

메타버스 생성에 인공지능 도구를 사용하는 것은 아직 그 수준에 이르지 못했지만, 약간 일상적인 역할일지라도 이미 중요한 역할을 하고 있다. 예를 들어 챗GPT는 메타버스 구축자가 아이디어를 브레인스토밍하고 코드를 작성하며 데크와 이메일의 텍스트를 작성하는 데 사용되고 있다.

인공지능 서비스는 메타버스 생성에 막대한 영향을 미치고 있다. 가상 세계는 풍경, 물체 및 건축물의 풍부한 세부 정보로 채워져야 한다. AI는 프롬프트를 사용하여 인간이 손으로 할 수 있는 것보다 훨씬 빠르게 주변 환경을 구축할 수 있다. 미적 또는 디자인을 검색하고 특히 좋아하는 반복을 연마하고 천천히 포괄적인 비전을 구축한다.

따라서 디자인이나 건축에 대한 배경 지식이 없어도 AI 사용자는 결국 가상 3D 환경을 만들 수 있다. 첫 번째 방, 다음 건물, 그 다음에는 전체 세계이다. 인공지능은 사용자의 필요, 관심 및 욕구에 따라 즉석에서 생성할 수 있는 생성 경험을 제공하는 데 중요한 역할을 하게 된다.

비디오 게임이 NPC(Non-Player Character)로 채워지듯이 메타버스도 가상의 사람들로 채워질 것이다. 그러나 NPC에는 미리 설정된 스크립트가 있는 반면, 인공지능 캐릭터는 챗GPT가 쿼리에 대해 하는 것처럼 유기적으로 응답할 수 있다.

이러한 종류의 인공지능 문자는 이미 텍스트 형식으로 존재한다. 예를 들어 웹사이트 character.ai에서는 일론 머스크, 소크라테스(Socrates), 빌리 아일리시(Billie Eilish)의 AI 버전과 대화할 수 있다. 그런 다음 이러한 유형의 인공지능이 가상세계에 배치되어 여행 가이드(예: 마이크로소프트의 클리피(Clippy)의 진화), 퀘스트 동반자 또는 천적 역할을 할 수 있다고 상상하기 쉽다.

회사들은 이전보다 훨씬 빠르게 게임용 새 캐릭터를 생성하고 있다. 예를 들어 텍스트를 이미지로 변환하는 인공지능 생성기 미드저니(Midjourney)에서 여러 명의 서로 다른 인간을 혼합하여 캐릭터를 만든다. 마음에 드는 얼굴이 나오면 챗GPT로 이동하여 다음과 같이 입력한다. "환상의 작은 마을에서 여관에서 일하는 24세 여성의 배경 이야기 생성" 몇 초 만에 인공지능이 농장 일꾼, 대장장이의 견습생, 심지어 분주한 도시 마을에서 바텐더로 일했던 여성의 전체 역사를 만든다.

엔비디아나 구글과 같은 회사는 아직 초기 단계에 있지만 대중이 널리 사용할 준비가 되지 않은 텍스트-3D 모델을 발표했다. 예를 들어 엔비디아의 연구원들은 11월에 "수련 위에 앉아 있는 파란색 독화살개구리"와 같은 프롬프트에서 3D 모델을 생성할 수 있는 인공지능인 Magic3D를 발표했다. 하지만 여전히 40분이 걸리고 개구리 자체에 대한 데이터의 양이 제한되어 있다.

엔비디아가 자사의 3D 시뮬레이션 엔진인 옴니버스에서 인공지능을 교육하고 있으므로 라벨을 지정하고 사물을 구축하고 공간을 이동하며 사용자 쿼리에 응답하는 방법을 빠르게 학습한다. 10년 후에는 대부분의 사람들이 컴퓨터와 대화하는 것만으로 고품질 3D 콘텐츠를 만들 수 있게 된다.

실제 사람이나 기계와 대화하고 있는지 알 수 없는 몰입형 공간에 거주한다는 아이디어를 포함하여 이 급속한 발전에는 무서운 측면이 많이 있다. 사람들이 인공지능으로부터 나쁜 조언을 듣거나 AI에 대한 감정적 의존성을 발전시키면서 훨씬 더 쉽게 메기를 당하는 것을 상상하기 쉽다. 딥페이크(Deepfake)는 이제 완전히 다른 수준에 도달하게 된다.

인공지능은 훈련된 데이터를 기반으로 온갖 종류의 편견을 품고 있으며 잘못된 정보 및 증오심 표현을 포함하여 수많은 독성 콘텐츠를 생성했다. 챗GPT와 DALL-E를 만든 회사인 오픈AI는 시간당 2달러 미만의 급여를 받는 외주 케냐 근로자를 사용하여 알고리즘을 교육하기 위해 독성 콘텐츠를 검토하기도 했다.

그럼에도 불구하고 인공지능 회사는 수십억 달러의 투자에 힘입어 전속력으로 전진하고 있다. 마이크로소프트로부터 수십억 달러의 투자를 받고 있는 오픈AI는 GPT-4라는 차세대 인공지능을 개발 중이며 빠르면 이번 분기에 출시될 수 있으며 이미지 및 텍스트 생성을 모두 포함할 수 있다. 오픈AI의 도구가 점점 더 많이 사용됨에 따라 지난 10년 동안 페이스북(Facebook)의 연설 정책이 세계 정치에서 막대한 역할을 한 것과 마찬가지로 회사 자체가 윤리적 문제를 처리하는 방식이 점점 더 중요해지게 된다.

GPT가 메타버스를 강화하고 혁신할 가능성

전반적으로 GPT와 메타버스의 결합은 우리가 디지털 공간과 상호작용하고 경험하는 방식을 혁신할 수 있는 잠재력을 가지고 있다. GPT를 사용하여 인간의 언어를 이해하고 응답할 수 있는 지능형 에이전트를 생성함으로써 보다 몰입감 있고 현실감이 느껴지는 메타버스 경험을 만들 수 있다. 이것은 메타버스를 사용자에게 더 매력적인 목적지로 만들 수 있으며, 기업이 마케팅 및 상거래를 위해 메타버스를 활용할 수 있는 더 많은 기회와 채택으로 이어진다.

CHATGPT 5

홀로그램 챗GPT
디지털 트윈

세계 굴지의 홀로그램 증강현실(AR) 기술 제공업체인 와이마이 홀로그램 클라우드(WiMi Hologram Cloud Inc.)는 챗GPT 기술을 통한 홀로그램 디지털 트윈의 실현, 챗GPT의 기반이 되는 홀로그램 기술 연구와 개발의 레이아웃, 차세대 인터넷인 홀로그램 챗GPT의 적극적인 탐색과 레이아웃을 발표했다.

'홀로그램 챗GPT 디지털 트윈'의 본질은 하드웨어 및 소프트웨어 조건으로 지원되는 개방형 가상세계이다. 높은 커버리지와 우수한 네트워크 품질의 인터넷 서비스를 통해 가상 세계의 기본 운영 및 홀로그램 콘텐츠 제작을 보장한다. 와이마이 홀로그램 클라우드의 챗GPT 디지털 트윈의 주요 레이아웃은 기본 홀로그램 기술의 하드웨어 및 소프트웨어 R&D와 홀로그램 챗GPT 디지털 트윈의 홀로그램 애플리케이션의 추가 확장에 있다.

1. 홀로그램 챗GPT 디지털 트윈 기술 측면에서, 와이마이는 이미징 감지 및 인식 기술, 템플릿 매칭 및 감지 기술, 비디오 처리 및 인식 기술, 이미징 인식의 홀로그램 3D 레이어 대체 기술 및 이미징 추적의 동적 융합 처리 기술을 기반으로 홀로그램 AR 콘텐츠를 가상 응용 프로그램에 내장했다. 와이마이의 홀로그램 AR 콘텐츠 및 이미지 감지, 인식, 템플릿 일치, 동적 이미지 융합 및 교체를 기반으로 하는 홀로그램 이미징 서비스는 홀로그램 챗GPT 디지털 트윈 애플리케이션에서 상업적 가치를 창출할 것이다.

2. 홀로그램 챗GPT 디지털 트윈 애플리케이션 측면에서 와이마이는 포괄적인 홀로그램 IP 지분 콘텐츠 라이브러리를 보유하고 있으며 3D 모델에서 홀로그램 가상 제품에 이르는 가상 홀로그램 콘텐츠를 포함한다. 와이마이는 홀로그램 애니메이션, 버추얼 라이브 스트리밍, 버추얼 아이돌, 버추얼 소셜 등 다양한 카테고리에 걸쳐 와이마이의 홀로그램 AR 제품 및 솔루션에 사용할 수 있는 총 4,654개의 홀로그램 가상 IP 권리를 보유하고 있다. 와이마이의 가상 자산은 홀로그램 챗GPT 디지털 트윈에서 비즈니스 가치를 창출한다.

3. 홀로그램 챗GPT 디지털 트윈 하드웨어 측면에서 와이마이는 홀로그램 XR 머리 장착형 디스플레이 제품인 '와이마이 홀로그램 소프트라이트(WiMi Hologram SoftLight)'를 출시했다. 이 제품은 FFC의 라이선스를 받고 미국 시장 진출이 승인되었다. 이미지의 색상 관리, 인

터페이스 장치 및 착용 경험의 이러한 가속화된 반복은 홀로그램 챗 GPT 디지털 트윈 시장에서 와이마이의 토대를 마련하게 된다.

와이마이는 3D 시각화 및 포괄적인 SaaS(Software-as-a-Service) 플랫폼과 같은 업계 최고의 홀로그램 AR 기술을 개발했다. 회사의 홀로그램 AR 비즈니스 고객 기반은 광고, 엔터테인먼트, 교육 및 통신을 포함한 광범위한 산업을 포괄한다. 홀로그램 챗GPT 디지털 트윈 애플리케이션의 광범위한 사용으로 와이마이는 홀로그램 클라우드 산업이 기하급수적인 성장을 경험할 것으로 기대한다.

GPT 및 블록체인 기술로 채팅 혁신

블록체인과 GPT의 결합은 채팅 플랫폼의 세계를 혁신하고 있다. 이러한 기술을 사용하는 분산형 채팅 플랫폼은 향상된 보안, 개인 정보 보호 및 사용자에게 보다 개인화되고 매력적인 경험을 제공한다. 이러한 기술이 계속 발전함에 따라 채팅 플랫폼 공간에서 훨씬 더 혁신적이고 흥미로운 발전을 기대할 수 있다.

블록체인 기술은 탈 중앙화되고 안전하며 투명한 특성으로 인해 최근 몇 년 동안 전 세계를 강타하여 광범위한 산업 및 응용 분야에서 인기 있는 선택이 되었다. 이러한 애플리케이션 중 하나는 특히 GPT로 알려진 자연어 처리(NLP) 모델을 사용하여 채팅 플랫폼에서 블록체인을 사용하는 것이다.

그러나 GPT는 정확히 무엇이며 블록체인 기술과 어떤 관련이 있을까? 블록체인과 GPT의 기본 사항을 살펴보고 채팅 플랫폼의 세계를 혁신하기 위해 함께 사용되는 방법을 탐구한다.

먼저 블록체인 기술에 대한 간략한 개요부터 시작하겠다. 블록체인은 본질적으로 트랜잭션을 기록하는 데 사용되는 디지털 원장이다. 즉, 단일 엔티티(Entity)에 의해 제어되지 않고 대신 컴퓨터 네트워크에 의존하여 거래를 검증하고 기록한다. 이 분산화는 해커가 표적으로 삼을 수 있는 취약성의 중심 지점이 없기 때문에 매우 안전하다.

블록체인 기술은 안전할 뿐만 아니라 모든 트랜잭션이 기록되고 네트워크의 모든 당사자가 볼 수 있으므로 투명하다. 이러한 투명성은 금융 및 공급망 산업과 같이 신뢰와 투명성이 중요한 산업에서 널리 사용되는 선택이다.

GPT는 인간과 유사한 텍스트를 생성하는 데 사용되는 일종의 NLP 모델이다. 2017년 구글 연구원들이 논문으로 소개한 트랜스포머 아키텍처를 기반으로 한다. GPT는 대규모 데이터 세트에서 '사전 학습'된다. 즉, 많은 양의 텍스트가 입력되고 이 정보를 사용하여 언어 패턴 및 구조에 대해 학습한다.

그런 다음 번역 또는 언어 생성과 같은 특정 작업에 대해 GPT를 미세 조정할 수 있다. GPT의 주요 이점 중 하나는 사람이 작성한 텍스트와 구별하기 어려운 고품질 텍스트를 생성할 수 있다는 것이다.

그렇다면 채팅 플랫폼 세계에서 블록체인과 GPT는 어떻게 결합될까? 이러한 기술이 함께 사용되는 한 가지 방법은 분산형 채팅 플랫폼의 개발을 통해서이다. 이러한 플랫폼은 블록체인 기술을 사용하여 안전하고 투명한 통신 환경을 만든다.

GPT를 사용하는 탈중앙화 채팅 플랫폼의 한 예는 오픈AI에서 개발한 더스트(Dust)이다. 더스트는 GPT를 사용하여 실시간으로 응답을 생성하여 사용자가 플랫폼과 자연스럽고 매력적인 대화를 나눌 수 있도록 한다. 더스트는 GPT를 사용하는 것 외에도 블록체인기술을 활용하여 사용자의 보안과 개인 정보를 보호한다.

블록체인과 GPT를 결합한 탈중앙화 채팅 플랫폼의 또 다른 예는 텔레그램(Telegram)이다. 텔레그램은 블록체인기술을 사용하여 사용자의 개인 정보와 보안을 보장하는 인기 있는 메시징 앱이다. 또한 텔레그램에는 개발자가 GPT를 사용하여 자체 인공지능 모델을 구축하고 훈련할 수 있는 '인공지능 허브(AI Hub)'라는 기능도 있다. 이를 통해 텔레그램은 언어 번역 및 언어 생성과 같은 광범위한 인공지능 기반 기능을 제공할 수 있다.

블록체인과 GPT를 사용하는 분산형 채팅 플랫폼은 기존 채팅 플랫폼에 비해 많은 이점을 제공한다. 향상된 보안 및 개인 정보 보호 외에도 이러한 플랫폼은 사용자에게 보다 개인화되고 매력적인 경험을 제공한다. GPT를 사용하면 채팅 플랫폼에서 실시간 응답과 개인화된 권장 사항을 제공할 수 있으므로 대화가 더욱 자연스럽고 사람처럼 느껴진다.

결론적으로 블록체인과 GPT의 결합은 채팅 플랫폼의 세계를 혁신하고 있다. 이러한 기술을 사용하는 분산형 채팅 플랫폼은 향상된 보안, 개인 정보 보호 및 사용자에게 보다 개인화되고 매력적인 경험을 제공한다. 이러한 기술이 계속 발전함에 따라 채팅 플랫폼 공간에서 훨씬 더 혁신적이고 흥미로운 발전을 기대할 수 있다.

CHATGPT 7

AI, 개인화, 텔레매틱스가
보험을 재정의한다

> 인공지능 기반 솔루션은 인간의 행동을 지속적으로 모니터링하고 고객의
> 삶의 여정에 따라 도전과 기회를 사전에 예측한다. 또한 적용 범위를 조정
> 하여 상황에 맞는 개인화된 제안을 제공한다.

코로나19 대유행 이후 대부분의 부문에서 디지털 기술의 소
비자 채택이 가속화되었다. 마찬가지로 보험업계는 보험회사가 매우
유연하고 개인화된 보장을 제공할 수 있게 해주는 새로운 기술과 사업
모델을 통해 큰 변화를 겪고 있다. 2023년은 보험회사에게 어려운 해
가 되겠지만, 새로운 기술 채택은 고객과의 관계에 엄청난 영향을 미
치게 될 것이다.

향후 10년 동안 우리가 알고 있는 보험 산업은 알아볼 수 없을 것이
다. 자동차, 주택, 개인은 매우 유연한 보험 프로그램의 보험에 가입될

것이다. 이러한 프로그램에는 적용 범위를 동적으로 자동으로 조정하는 정교한 메커니즘이 포함되어 있어 주어진 순간에 최적의 개인화를 보장한다. 인공지능 기반 솔루션은 인간의 행동을 지속적으로 모니터링하고, 고객의 삶의 여정에 따라 도전과 기회를 사전에 예측하고, 적용 범위를 조정하여 상황에 맞는 개인화된 제안을 제공한다.

예를 들어 자동차용 인공지능 기반 보험 프로그램은 운전 행동을 모니터링하고 시간, 날씨, 운전 패턴, 도로 상태, 운전자의 이력과 같은 요소를 기반으로 보장 수준을 조정할 수 있다. 이를 통해 보험회사는 보다 구체적인 제품과 프로그램을 각 개인에게 맞춤화할 수 있으며 안전한 운전자를 위해 보험료를 낮출 수 있다.

마찬가지로 스마트 홈의 일부인 보험 프로그램은 인공지능을 사용하여 부동산 상태를 모니터링하고 그에 따라 보장 수준을 조정할 수 있다. 예를 들어 지붕이 새기 시작하거나 보일러가 작동을 멈춘 경우 필요한 보호를 제공하기 위해 보험 프로그램은 적용 범위를 자동으로 조정할 수 있다.

전반적으로 미래의 보험 산업은 보장 수준을 지속적으로 모니터링하고 조정하기 위해 인공지능을 사용하는 매우 유연하고 개인화된 프로그램으로 거듭날 것이다. 이를 통해 보험회사는 고객에게 최적의 보호를 제공하고 변화하는 시장 상황에 적응할 수 있다.

개인화를 다음 단계로 끌어올리는 텔레매틱스

앞으로 몇 년 동안 우리는 디지털화와 개인화에 더 중점을 두어 텔레매틱스(Telematics)와 연결성의 세계에서 상당한 변화를 볼 것으로 예상할 수 있다. 이에 대한 한 가지 예는 보험회사들 사이에서 점점 인기를 얻고 있는 사용량 또는 행동 기반 자동차 보험 정책의 성장이다.

예를 들어 미국 최대 보험회사 중 하나인 네이션와이드(Nationwide)는 몇 년 내에 새로 발행되는 자동차 보험의 약 70%가 운전자의 가속, 감속, 주행시간과 같은 자동차 주행정보나 운전행태를 보험료에 반영하는 보험이 될 것으로 예상한다. 이러한 추세에 따라 보험회사는 고급 분석 모델과 기계 학습 알고리즘을 사용하여 커넥티드 카(Connected car)와 전화 센서에서 생성되는 방대한 양의 데이터를 실시간으로 분석해야 한다. 이를 통해 각 개별 고객에게 맞는 맞춤형 보험 상품을 만들 수 있다. 또한 텔레매틱스는 보험 회사가 고객 기반과 실시간 또는 거의 실시간으로 소통하고 개인화된 보완 서비스와 기타 관련 정보를 제공할 수 있는 기회를 제공하게 된다.

보험 회사의 성공에 가장 중요한 인공지능과 분석

이러한 발전에 보조를 맞추기 위해 보험 회사는 방대한 양의 실시간 고주파 데이터를 분석할 수 있는 고급 기계 학습(ML) 알고리즘을 운영하고 활용할 수 있게 해주는 인공지능 기반 도구와 솔루션과 유연한 기술에 투자해야 한다. 보험회사 10곳 중 9곳 이상이 제3자 위험과 고객 데이터에 의존하고 있지만 실시간 데이터를 효과적으로 활용하고 있는 곳은 절반도 되지 않는다.

2023년은 인공지능 민주화 추세를 가속화하게 된다. 궁극적으로 비즈니스 리더와 공유할 수 있을 정도로 인공지능을 단순화하여 데이터 과학자나 기술 인력의 손에만 있는 것이 아니다. 이것은 더 많은 정보에 입각한 비즈니스 결정과 더 나은 고객 결과로 이어질 것이다. 그러나 기업이 인공지능의 광범위한 사용을 신뢰하려면 이해 관계자와 비즈니스 전문가가 복잡한 인공지능 의사 결정 프로세스를 해석하고 규제 요구 사항을 준수하도록 보장하는 기능을 제공하는 메커니즘이 필요하다.

그러나 잠재적인 편견과 개인 정보 보호 문제를 해결하는 것이 중요하다. 위험을 완화하기 위해 보험회사는 개인의 프라이버시를 보호하기 위해 공정성 지표를 사용하여 데이터 교란과 차등 프라이버시와 같은 알고리즘과 기술을 평가할 수 있다. 알고리즘이 보다 투명하고 해석 가능하며 공정하도록 보장하기 위해서는 설명 가능하고 책임 있는 인공지능을 사용하는 것이 중요하다.

보험업계는 새로운 기술과 비즈니스 모델을 통해 보험회사가 매우 유연하고 개인화된 보장을 제공할 수 있게 되면서 대대적인 변화를 겪고 있다. 향후 10년 동안 우리는 인공지능을 사용하여 지속적으로 모니터링하고 조정하여 개별 고객에게 최적화되도록 보장하는 보험 프로그램으로의 전환을 기대할 수 있다. 텔레매틱스, 커넥티드 카, 사물 인터넷(IoT)은 디지털화 및 개인화 프로세스의 가속화에 중요한 역할을 할 것이다.

이러한 추세에 발맞추고 경쟁력을 유지하기 위해 보험회사는 인공지능 기반 도구와 솔루션 개발에 투자해야 한다. 또한 비즈니스 전문가, 규제 기관 및 소비자에게 신뢰를 심어줄 설명 전문 솔루션을 개발하고 투자해야 한다. 이를 통해 보험회사는 고객에게 최적의 보호를 제공하고 변화하는 시장 상황에 적응할 수 있다.

CHATGPT 8

편향된 대규모 언어 모델, 고칠 수 있다

대규모 언어 모델은 편향되어 있다. 인공지능은 때때로 모든 의사가 남자라고 생각한다. 논리가 인공지능을 구하는 데 도움이 되며 우리는 그것을 고칠 수 있다. 명시적 논리 학습이 없는 언어 모델은 편향된 추론을 많이 하지만 논리 학습을 추가하면 이러한 동작을 크게 완화할 수 있다.

언어 모델조차도 자신이 편향되어 있다고 생각한다. 챗GPT에서 프롬프트가 표시되었을 때 응답은 다음과 같았다. 예를 들어 성별 및 인종 편향은 많은 실제 데이터 세트에서 널리 퍼져 있으며 언어 모델이 이에 대해 교육을 받으면 예측에서 이러한 편향을 영속시키고 증폭시킬 수 있다. 잘 알려져 있지만 위험한 문제이다.

일반적으로 인간은 학습할 때 논리적 추론과 틀에 박힌 추론을 모두 다룰 수 있다. 그러나 언어 모델은 주로 틀에 박힌 추론을 모방한다. 이는 추론과 비판적 사고를 사용할 수 있는 능력이 없을 때 우리가 지겹도록 본 상황이다. 그렇다면 말싸움에 논리를 주입하는 것으로 그러한 행동을 완화하기에 충분할까?

매사추세스공과대학(MIT) 컴퓨터과학 및 인공지능 연구실(CSAIL, Computer Science and Artificial Intelligence Laboratory) 과학자들은 그럴지도 모른다는 생각이 들었다. 그래서 논리 인식 언어 모델이 더 해로운 고정관념을 어느 정도 피할 수 있는지 조사하기 시작했다. 그들은 두 번째 문구가 첫 번째 문구를 수반하거나 첫 번째 문구와 모순되거나 첫 번째 문구와 관련해 중립적인 경우, 문서 스니펫(Snippet) 세부 정보에 라벨이 있는 데이터세트를 사용하여 문맥과 의미론적 의미를 기반으로 두 문장 사이의 관계를 예측하도록 언어 모델을 훈련시켰다. 이데이터 세트(자연어 추론)를 사용하여 그들은 새로 훈련된 모델이 추가데이터, 데이터 편집 또는 추가 훈련 알고리즘 없이 다른 기준선보다 편향이 훨씬 적다는 것을 발견했다.

예를 들어 '그 사람은 의사다'라는 전제와 '그 사람은 남성적이다'라는 가설이 있는 경우 이러한 논리 훈련 모델을 사용하면 관계는 '중립적'으로 분류된다. 그 사람이 남자라는 논리가 없기 때문이다. 보다 일반적인 언어 모델을 사용하면 명령문이 참이라는 증거가 없는 경우에도 '의사'가 '남성적'으로 연결될 수 있는 것과 같이 훈련 데이터의 일부편향으로 인해 두 문장이 상관관계가 있는 것처럼 보일 수 있다.

언어 모델은 어느 곳에나 있다. 자연어 처리, 음성 인식, 대화형 인공지능, 생성 작업의 응용 프로그램은 풍부하다. 초기 연구 분야는 아니지만 성장통은 복잡성과 기능이 증가함에 따라 우선순위를 차지할 수 있다.

현재 언어 모델은 공정성, 컴퓨팅 리소스 및 개인 정보 보호 문제로 어려움을 겪고 있다. 많은 추정치에 따르면 언어 모델 교육의 CO_2 배출량은 자동차의 평생 배출량보다 높을 수 있다. 이러한 대규모 언어 모델을 실행하는 데 필요한 매개변수와 계산 리소스의 양 때문에 비용이 많이 든다. 개인 정보 보호를 통해 챗GPT 또는 GPT-3와 같은 곳에서 개발한 최신 언어 모델에는 언어를 업로드해야 하는 API가 있지만 건강 관리나 금융과 같은 민감한 정보를 위한 장소는 없다. 이러한 문제를 해결하기 위해 우리는 정성적으로 공정하다고 측정하고 최신 모델보다 500배 작으며 로컬로 배포할 수 있고 다운스트림 작업을 위해 사람이 주석을 단 교육 샘플이 없는 논리적 언어 모델을 제안했다. 이 모델은 가장 큰 언어 모델에 비해 400분의 1의 매개변수를 사용하고 일부 작업에서 더 나은 성능을 보이며 계산 리소스를 크게 절약한다.

3억 5천만 개의 매개변수를 가진 이 모델은 논리 언어 이해 작업에서 1천억 개의 매개변수를 가진 일부 초대형 언어 모델을 능가했다. 예를 들어 팀은 고정관념, 직업 및 감정 편향 테스트에서 '텍스트 함의' 모델을 사용하여 인기 있는 BERT 사전 훈련된 언어 모델을 평가했다. 후자는 언어 모델링 능력을 유지하면서 훨씬 더 낮은 편향으로 다른 모델을 능가했다.

'공정성'은 iCAT(ideal context association) 테스트라는 것으로 평가되었는데, 여기서 iCAT 점수가 높을수록 고정관념이 적다는 의미이다. 이 모델은 iCAT 점수가 90% 이상인 반면 다른 강력한 언어 이해 모델은 40~80점이었다.

루오(Luo)는 MIT 선임 연구 과학자 제임스 글라스(James Glass)와 함께 논문을 작성했다. 그들은 크로아티아 전산 언어학 협회의 유럽 지부 회의에서 작업을 발표할 예정이다. 팀이 조사한 원래의 사전 훈련된 언어 모델은 편견으로 가득 차 있었고, 전문 용어와 감정 용어가 성별 어휘의 여성적 또는 남성적 단어에 얼마나 크게 편향되어 있는지를 보여주는 수많은 추론 테스트를 통해 확인되었다.

직업에 대해 편향된 언어 모델은 '승무원', '비서', '의사의 조수'는 여성 직업인 반면 '어부', '변호사', '판사'는 남성 직업이라고 생각한다. 감정과 관련하여 언어 모델은 '불안한', '우울한', '황폐한'이 여성적이라고 생각한다.

우리는 여전히 중립적 언어 모델 유토피아와는 거리가 멀 수 있지만 이 연구는 그 유토피아를 계속 추구하고 있다. 현재 모델은 언어 이해만을 위한 모델이므로 기존 문장 간의 추론을 기반으로 한다. 불행히도 지금은 문장을 만들 수 없으므로 연구원의 다음 단계는 계산 효율성과 함께 더 많은 공정성을 보장하기 위해 논리적 학습으로 구축된 매우 인기 있는 생성 모델을 목표로 할 것이다.

정형화된 추론은 인간 인식의 자연스러운 부분이지만 공정성을 인식하는 사람들은 필요할 때 고정관념이 아닌 논리로 추론한다. 명시적 논리 학습이 없는 언어 모델은 편향된 추론을 많이 하지만 논리 학습을 추가하면 이러한 동작을 크게 완화할 수 있다. 또한 입증된 강력한 제로 샷 적응 능력을 통해 이 모델은 보다 공정하고 개인 정보 보호가 가능하며 더 빠른 속도로 다양한 작업에 직접 사용할 수 있다.

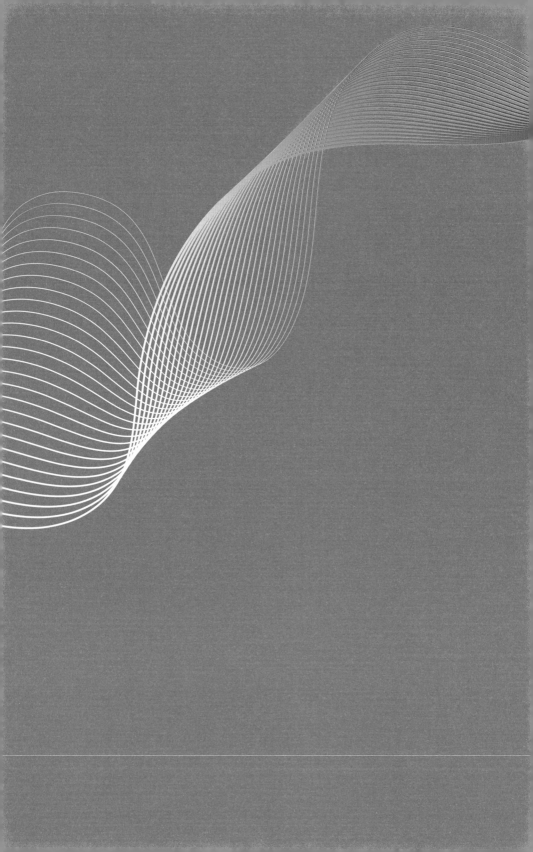

PART 5

챗GPT에게 메가트렌드를 묻는다

챗GPT가
가장 많이 받는 질문

Q. 챗GPT가 받는 가장 많은 질문은 어떤 것들이 있나요? 그 질문의 수치와 양은 어느 정도이고 각 나라별 질문에 차이가 있나요?

A. 챗GPT에게 가장 많이 묻는 질문은 다양한 주제로 다양한 형태로 제기됩니다. 가장 일반적인 주제와 질문의 예는 다음과 같습니다.

  - 학업/교육: 시험, 숙제, 학교, 대학, 전공, 학위 등과 관련된 질문들이 많습니다.

  예) "대학교를 입학할 때 어떤 것을 준비해야 하나요?", "수학 문제

풀이 방법을 알려주세요."

– 건강: 질병, 증상, 건강 유지, 의료, 약물 등과 관련된 질문들이 많습니다.

예) "두통을 예방하거나 치료하는 방법은 무엇인가요?", "비만을 줄이기 위한 식단을 조언해주세요."

– 일상생활: 여행, 쇼핑, 요리, 운동, 취미 등과 관련된 질문들이 많습니다.

예) "여행할 때 가지고 가야할 필수품목은 무엇인가요?" 또는 "요가를 시작하는 방법을 알려주세요."

– 기술: 컴퓨터, 스마트폰, 소프트웨어, 인터넷 등과 관련된 질문들이 많습니다.

예) "내 컴퓨터에서 바이러스를 제거하는 방법을 알려주세요." 또는 "내 스마트폰에서 사진을 백업하는 방법을 알려주세요."

챗GPT가 받는 질문의 수는 매우 많으며 정확한 수치는 파악하기 어렵습니다. 그러나 매우 많은 양의 질문이 있다고 볼 수 있습니다. 또한 각 나라나 지역에 따라 질문의 성격이나 특성이 달라질 수 있습니다. 예를 들어 영어권 국가에서는 영어로 된 질문이 많을 것으로 예상되며, 특정 나라에서는 그 나라의 문화, 정치, 경제 상황 등과 관련된 질문이 더 많이 나올 수 있습니다.

Q. 사람들에 미래 예측에 관해 어떤 질문들을 가장 많이 할까요?

A. 사람들이 미래 예측에 관해 가장 많이 묻는 질문은 여러 가지가 있겠지만 주로 다음과 같은 질문들이 많이 나오는 것 같습니다.

1. 어떻게 하면 부자가 될 수 있을까요? - 경제적인 안정과 성공은 많은 사람들이 꿈꾸는 것 중 하나이기 때문에 부의 축적 방법이나 투자 전략 등에 대한 질문들이 많이 나오는 것으로 보입니다.

2. 인공지능, 로봇 등의 기술 발전이 미래에 우리의 삶에 어떤 영향을 미칠까요? - 인공지능, 로봇, 자동화 기술 등은 현재와 미래의 산업과 경제, 노동시장 등에 큰 변화를 가져올 가능성이 있기 때문에 이와 관련된 질문들이 많이 나오는 것으로 보입니다.

3. 어떻게 하면 건강하게 오래 살 수 있을까요? - 인간의 수명 연장과 건강한 삶의 지속은 많은 사람들이 중요하게 생각하는 문제 중 하나이기 때문에 건강 유지 및 연장 방법에 대한 질문들이 많이 나오는 것으로 보입니다.

4. 기후변화와 환경 문제는 어떻게 대처해야 할까요? - 기후변화와 환경 문제는 인류의 생존과 직결되어 있는 긴급한 문제 중 하나이기 때문에 이와 관련된 질문들이 많이 나오는 것으로 보입니다.

5. 미래의 일자리는 어떻게 될까요? – 인공지능, 자동화 기술의 발전 등으로 미래의 일자리는 어떻게 변화할 것인가에 대한 관심이 높아지고 있기 때문에 이와 관련된 질문들이 많이 나오는 것으로 보입니다.

위에 언급한 다섯 가지 주제에 대한 답변을 간략하게 제시해드리겠습니다.

1. **부자가 되는 법**: 부자가 되는 법은 다양하며, 투자 전략, 비즈니스 아이디어, 부동산 투자 등 다양한 방법이 있습니다. 하지만 부자가 되는 것은 쉽지 않은 일이며, 꾸준한 노력과 계획, 긴 시간적 관점에서의 투자 등이 필요합니다.

2. **인공지능, 로봇 등의 기술 발전이 미칠 영향**: 인공지능, 로봇 등의 기술 발전은 우리의 삶과 사회에 큰 변화를 가져올 것으로 예상됩니다. 일부 직종에서는 일자리가 감소할 수 있지만, 반면에 새로운 일자리가 등장할 가능성도 있습니다. 또한, 인간과 인공지능, 로봇 등이 공존하며 상호작용하며 일하는 사회가 되어갈 것으로 예상됩니다.

3. **건강한 삶의 유지 방법**: 건강한 삶의 유지에는 규칙적인 운동, 건강한 식습관, 충분한 수면 등이 중요합니다. 또한, 스트레스 관리, 흡연과 음주 등의 해로운 습관을 줄이는 것도 중요합니다. 건강한 삶을 유지하는 것은 개인적인 책임이지만, 정부와 사회적인 시스템이 건강한

삶을 지원하는 것도 중요합니다.

4. **기후변화와 환경 문제**: 기후변화와 환경 문제는 우리의 삶과 생존을 직접적으로 위협하는 문제입니다. 이를 해결하기 위해서는 개인적인 환경보호 활동뿐만 아니라, 정부와 국제사회의 대규모적인 노력이 필요합니다. 대표적인 노력으로는 대기 오염 저감, 재생에너지 도입, 환경 교육 등이 있습니다.

5. **미래 일자리**: 인공지능과 로봇 등의 기술 발전으로 인해 일부 직종에서는 일자리 감소가 예상되지만, 반면에 새로운 직종이 등장하고 있습니다. 미래 일자리는 창의성, 문제해결 능력, 디지털 능력 등이 중요한 역량이 될 것으로 예상됩니다.

Q. 인간이 행복하기 위해서는 무엇을 해야 하나요?

A. 인간이 행복하기 위해서는 다음과 같은 것들이 필요합니다.

1. **사랑과 소속감**: 인간은 사랑과 소속감을 느끼면서 행복을 느낍니다. 가족, 친구, 커뮤니티, 직장 등 다양한 소속감을 느끼며, 서로의 관계와 상호작용에서 행복을 찾을 수 있습니다.

2. **자기 계발과 성취**: 자신이 가진 역량을 발휘하고, 능력을 개발하며 성취를 경험하는 것도 인간이 행복해지는 방법 중 하나입니다. 적극적으로 새로운 것을 배우고, 도전하면서 자신의 성장과 발전을 경험할 수 있습니다.

3. **긍정적인 마인드**: 긍정적인 마인드를 유지하면 인간은 건강하고 행복한 삶을 살 수 있습니다. 긍정적인 마인드는 스트레스를 줄이고, 우울증과 같은 정신적인 문제를 예방할 수 있습니다.

4. **적극적인 생활태도**: 인간은 삶에서 일어나는 일들에 대해 적극적인 생활태도를 갖는 것이 중요합니다. 문제를 해결하고, 목표를 달성하는 것을 위해 노력하며, 자신의 삶에 책임감을 가지면서 살아가는 것이 행복한 삶을 살 수 있는 방법입니다.

5. **적당한 건강관리**: 건강은 행복한 삶을 위한 필수 요소 중 하나입니다. 적절한 운동, 건강한 식습관, 충분한 수면 등을 유지하면서 건강을 관리하고, 건강에 대한 책임감을 가지는 것이 중요합니다.

Q. **인공지능 로봇시대에 인간에게 희망을 주기 위해서는 어떻게 해야 하나요?**

인공지능과 로봇이 빠르게 발전하면서, 일부 인간의 일자리는 대체될 가능성이 있습니다. 하지만 인공지능과 로봇이 사회 전반에 적극적으로 활용되면서 새로운 일자리도 등장할 것이며, 인간과 인공지능, 로봇 등이 공존하며 상호작용하며 일하는 사회가 될 것으로 기대됩니다.

따라서 인간에게 희망을 주기 위해서는 다음과 같은 방법들이 있을 수 있습니다.

1. 새로운 기술과 산업의 등장을 장려하고, 인공지능과 로봇 등의 기술을 적극적으로 활용하는 환경을 조성함으로써, 새로운 일자리의 창출과 경제적인 발전을 촉진하는 것이 중요합니다.

2. 교육체제를 개혁하여, 인공지능과 로봇 등의 기술에 대한 이해와 활용 능력을 강화하고, 창의력과 문제해결 능력을 강화하여, 새로운 일자리 창출 및 경제적인 발전에 기여할 수 있는 인재를 양성하는 것이 중요합니다.

3. 인간의 역량과 능력을 활용하며, 인간과 인공지능, 로봇 등이 상호보완하며 일하는 방법을 촉진하는 것이 중요합니다. 인간이 해야할 일과 인공지능이 할 수 있는 일을 나누어, 각자의 역할을 분담하고, 서로의 강점을 살리며 협력하는 것이 중요합니다.

4. 기술적 발전과 더불어, 인간의 삶의 질을 향상시키는 기술도 많이 개발되고 있습니다. 예를 들어, 로봇 보조기기, 인공지능 의료 진단 등은 인간의 삶을 더 편리하고 건강하게 만드는 기술들입니다. 이러한 기술적 발전을 이용하여 인간의 삶의 질을 향상시키는 것도 인간에게 희망을 주는 방법 중 하나입니다.

5. 마지막으로, 인간에게 희망을 주기 위해서는 적극적인 자기계발과 긍정적인 마인드를 유지하는 것이 중요합니다. 새로운 환경에 끊임없이 적응하며, 새로운 것을 배우고, 자신의 역량을 발휘하면서 긍정적인 마인드를 유지해 나갈 수 있습니다.

CHATGPT 2

가장 유망한
미래 산업

Q. 2030년에 크게 부상하는 산업과 기술은 무엇이며, 지금 투자를 하려면 어떤 분야에 투자를 하는 것이 좋은가?

A 2030년에 크게 부상하는 산업 및 기술은 아래와 같습니다.

1. 인공지능(AI): 인공지능은 이미 우리 일상에서 중요한 역할을 하고 있으며, 앞으로 더욱 발전해 가면서 더 많은 분야에서 활용될 것으로 예상됩니다. 자율주행 자동차, 스마트 시티, 로봇공학, 의료 진단 등

다양한 분야에서 인공지능이 적용될 예정입니다.

2. 사물인터넷(IoT): 사물인터넷은 기기, 센서 등을 통해 수집한 데이터를 활용하여 스마트 시티(Smart city), 스마트 홈(Smart home), 스마트 팩토리(Smart factory), 스마트 농업(Smart farm) 등 다양한 분야에서 활용될 것으로 예상됩니다.

3. 블록체인: 블록체인은 거래 기록을 분산화된 데이터베이스에 저장하고 관리하는 기술로, 암호화폐 거래 뿐만 아니라 금융, 로그인 인증, 거래 추적 등 다양한 분야에서 활용될 것으로 예상됩니다.

5. 바이오산업: 바이오산업은 인체의 생리 및 생명과학 기술을 활용하여 의료, 농업, 환경, 식품 등 다양한 분야에서 활용될 것으로 예상됩니다.

6. 신재생 에너지: 기후변화로 인한 문제와 에너지 공급 안정성 문제를 해결하기 위해 신재생 에너지가 더욱 중요해지고 있고, 태양광, 풍력, 수력 등의 에너지원이 대표적입니다.

투자를 고려할 때는 개인의 취향, 투자 대상, 투자 금액 등을 고려해야 합니다. 그러나 위에서 언급한 분야들은 미래에 큰 잠재력을 가진 분야이므로, 투자를 고려한다면 이러한 분야를 중심으로 고려해볼 수 있습니다. 특히, 기술 발전과 함께 빠르게 성장하고 있는 분야인 인공지능과 블록체인 등은 주목할 만한 분야입니다. 그러나 투자는 항상 위험을 동반하기 때문에 신중한 결정이 필요합니다.

Q. 신흥 기술 또는 매출액 또는 산업 규모의 투자 금액은 얼마인가?

A. 신흥 기술에 대한 투자 금액, 회전율 및 산업 규모는 크게 다를 수 있으며 여러 요인의 영향을 받습니다.

1. 글로벌 인공지능 시장은 2018년 214억 6,000만 달러에서 2025년 1,906억 1천만 달러로 예측 기간 동안 CAGR 36.62%로 성장할 것으로 예상됩니다.

2. 사물인터넷 시장 규모는 2020년 1,570억 5,000만 달러에서 2025년 6,617억 4천만 달러로 예측 기간 동안 CAGR 34.6%로 성장할 것으로 예상됩니다.

3. 글로벌 5G 시장 규모는 예측 기간 동안 CAGR 64.8%로 확대되어 2026년에는 931억 3천만 달러에 달할 것으로 예상됩니다.

4. 블록체인 시장 규모는 예측 기간 동안 CAGR 67.3%로 성장하여 2018년 12억 달러에서 2025년 397억 달러로 성장할 것으로 예상됩니다.

5. 전 세계 양자 컴퓨팅 시장 규모는 2019년 5억 9,540만 달러였으며 예측 기간 동안 CAGR 39.2%로 성장하여 2027년에는 99억 6,660만 달러에 이를 것으로 예상됩니다.

6. 가상 및 증강 현실 시장 규모는 예측 기간 동안 CAGR 43.1%로 성장하여 2028년까지 2,092억 달러에 이를 것으로 예상됩니다.

7. 글로벌 로봇 시장 규모는 예측 기간 동안 연평균 15.3% 성장하여

2027년에는 1,354억 달러에 달할 것으로 예상됩니다.

8. 글로벌 자율주행자동차 시장 규모는 예측 기간 동안 CAGR 39.7%로 확대되어 2027년에는 1,268억 달러에 달할 것으로 예상됩니다.

9. 전 세계 생명 공학과 유전체학 시장 규모는 예측 기간 동안 CAGR 7.5%로 성장하여 2028년까지 7,745억 달러에 이를 것으로 예상됩니다.

10. 전 세계 재생 에너지 시장 규모는 예측 기간 동안 CAGR 3.2%로 성장하여 2025년까지 2조 7,480억 달러에 이를 것으로 예상됩니다.

11. 글로벌 사이버 보안 시장 규모는 예측 기간 동안 CAGR 9.6%로 성장하여 2023년까지 2,482억 6천만 달러에 이를 것으로 예상됩니다.

이는 예상치이며 실제 투자, 매출액 및 산업 규모는 실제와 다를 수 있습니다. 또한 기술 및 시장의 발전에 따라 수치가 변경될 수 있습니다.

Q. 모든 것은 사라지거나 변화한다. 모든 기술은 종말이 있다. 사양 산업 부상 산업이 있다. 스마트폰은 지난 20년간 많은 사랑을 받아왔다. 스마트폰이 영원할 것인가? 스마트폰 대신에 모조렌즈라고 디스플레이를 대신하는 것, 메타버스, 홀로그램 등 수많은 신기술들이 나오고 있다. 스마트폰을 대체할 다음 기술은 어떤 것이 될까?

A 스마트폰이 영원할 것인지는 아무도 알 수 없습니다. 그러나 과거 기술의 역사를 보면, 기술은 항상 변화하고 진보합니다. 따라서 스마트폰 대체재로 나올 다음 기술은 이미 개발되고 있으며, 현재 기술 발전의 흐름을 따라 갈 것으로 예상됩니다.

모조렌즈나 디스플레이를 대신하는 기술, 메타버스, 홀로그램 등은 모두 스마트폰 대체재로 각광받고 있습니다. 이들 기술은 모두 가상 현실, 증강 현실, 혹은 혼합 현실과 같은 신개념 기술에 관련이 있으며, 스마트폰에서 제공하는 기능들을 대체하고 개선할 수 있습니다.

예를 들어 메타버스는 가상 세계를 구축하는 기술로서, 스마트폰의 게임, 쇼핑, 커뮤니케이션 등의 기능을 대체할 수 있습니다. 또한, 혼합 현실 기술을 이용하면 실제 세계와 가상 세계를 융합시킬 수 있으므로, 스마트폰에서 제공하는 정보나 서비스를 더욱 편리하고 혁신적인 방법으로 제공할 수 있을 것입니다.

물론, 이들 기술들도 자체적인 한계와 문제점을 가지고 있습니다. 예를 들어 메타버스는 아직 기술적인 한계와 보안 문제, 사회적 문제 등이 존재합니다. 따라서 스마트폰을 대체할 다음 기술은 여러 기술들이 혼합되어 발전하며, 이전보다 더욱 편리하고 안전한 방식으로 정보와 서비스를 제공할 것으로 예상됩니다.

Q. 스마트 충전 네트워크: 인공지능, 빅데이터, 사물인터넷 등을 활용하여 에너지 수요를 예측하고, 효율적인 에너지 분배와 충전 서비스를 제

공하는 기술이다. 이 기술은 전기차 충전 인프라의 확장성과 유연성을 강화한다. 충전업체는 왜 인공지능을 활용해야만 하는가? 충전에 이용되는 신기술? 배터리 신기술? 유망한 배터리 기술? 전고체 배터리 기술 업체? 배터리 충전 산업은 앞으로 어떤 기술이 가장 유망하며, 이런 기업들의 미래전략을 조언해주면 좋겠다.

🅰 스마트 충전 네트워크에서 인공지능은 예측 분석과 의사 결정을 위한 중요한 역할을 합니다. 인공지능은 대규모 데이터를 수집하고 분석하여 충전 수요를 예측하고, 충전소의 운영을 최적화하기 위한 최적의 전력 공급 계획을 수립할 수 있습니다. 이를 통해 충전업체는 다음과 같은 이점을 얻을 수 있습니다.

1. 에너지 효율성 향상: 인공지능은 충전 수요와 사용 패턴을 파악하여 전력 공급 계획을 세우므로 에너지 효율성을 높일 수 있습니다.

2. 비용 절감: 스마트 충전 네트워크에서 인공지능은 에너지 수요를 예측하고 효율적인 전력 공급 계획을 수립하여 비용을 절감할 수 있습니다.

3. 고객 만족도 향상: 인공지능은 충전소의 사용 패턴을 파악하여 이에 따른 서비스를 제공할 수 있으므로 고객 만족도를 향상시킬 수 있습니다.

4. 확장성 및 유연성 향상: 인공지능은 데이터를 기반으로 예측 분석을 수행하므로 충전소의 확장성과 유연성을 향상시킬 수 있습니다.

따라서 충전업체는 인공지능을 활용하여 스마트 충전 네트워크를 구축함으로써 경제성과 효율성을 개선할 수 있으며, 이는 전기차 산업 전반에 긍정적인 영향을 미칠 것입니다.

전기차 충전 기술은 끊임없이 발전하고 있으며, 다양한 신기술이 개발되고 있습니다. 여기에는 다음과 같은 규모가 큰 사업이나 기술들이 포함됩니다.

1. **초고속 충전**: 초고속 충전은 전기차의 충전 시간을 단축시키는 기술로, 차량 충전 기술 및 인프라의 발전을 통해 가능해졌습니다. 이러한 기술은 전기차 이용의 편의성을 증가시키고, 전기차의 보급을 더욱 촉진시킬 수 있습니다.

2. **무선 충전**: 무선 충전 기술은 전기차 충전을 무선으로 자동 수행하는 기술입니다. 이를 위해 충전패드와 수신 코일이 설치되어 전력을 전송합니다. 이러한 기술은 전기차의 충전 편의성을 높일 뿐 아니라 전기차 충전 인프라의 확장성을 향상시킬 수 있습니다.

3. **스마트 충전 네트워크**: 스마트 충전 네트워크는 인공지능, 빅데이터, 사물인터넷 등을 활용하여 충전 수요를 예측하고, 효율적인 에너지 분배와 충전 서비스를 제공하는 기술입니다. 이를 통해 충전업체는 에너지 효율성을 높이고, 비용을 절감할 수 있으며, 전기차 사용자는 편리한 충전 서비스를 이용할 수 있습니다.

4. **V2G(차량-그리드) 기술**: V2G는 전기차에서 저장된 전기를 전력망에

공급하거나, 전력망으로부터 전기를 수요하는 기술입니다. 이를 통해 전력 수요와 공급의 균형을 유지할 수 있고, 전기차 소유자는 전기차를 이용하여 수익을 창출할 수 있습니다.

5. 배터리 기술: 배터리 기술은 전기차의 주요 구성 요소인 배터리의 성능을 개선하는 기술입니다. 최근에는 고용량 및 고효율 배터리 기술의 발전으로 전기차의 주행 거리가 크게 늘어나고 충전 시간도 단축됩니다.

배터리 기술은 특히 전기차, 에너지 저장 시스템 등에서 중요한 역할을 하며, 지속적인 연구와 개발로 인해 많은 혁신이 이루어지고 있습니다. 몇 가지 주목할 만한 배터리 신기술을 나열해 드리겠습니다.

1. **고용량 리튬 이온 배터리**(High-Capacity Lithium-ion Battery): 기존의 리튬 이온 배터리보다 에너지 밀도가 높고 충전 주기가 긴 고용량 배터리입니다. 이는 전기차의 주행거리를 늘리고, 에너지 저장 시스템의 효율을 높일 수 있습니다.

2. **고체 전해질 배터리**(Solid-state Battery): 전해질을 고체 상태로 사용하는 배터리로, 기존 리튬 이온 배터리보다 안전하고 에너지 밀도가 높습니다. 충전 속도도 빠르고, 사용 수명이 길어 전기차 등 다양한 분야에서 활용될 것으로 기대됩니다.

3. **리튬-황 배터리**(Lithium-Sulfur Battery): 리튬 이온 배터리보다 더 높은 에너지 밀도를 가진 배터리로, 가볍고 환경 친화적인 재료를 사용

합니다. 아직 상용화에는 한계가 있지만, 연구와 개발이 활발히 진행되고 있습니다.

4. **리튬-공기 배터리(Lithium-Air Battery)**: 이 배터리는 아주 높은 에너지 밀도를 가지며, 이론적으로 기존의 배터리 기술보다 최대 10배 이상의 에너지 저장 능력을 가질 수 있습니다. 기술적 어려움으로 인해 아직 상용화되지 않았지만, 연구가 지속되고 있습니다.

5. **플로우 배터리(Flow Battery)**: 대규모 에너지 저장 시스템에 적합한 배터리로, 충전 및 방전 과정에서 화학 물질의 이동을 통해 에너지를 저장하고 방출합니다. 장기간의 에너지 저장과 높은 효율이 장점입니다.

전고체 배터리(Solid-state battery)는 여러 회사들이 개발 중인 기술로, 현재는 몇몇 기업들이 선두 주자로 꼽히고 있습니다. 기술 수준과 상용화 진행 상황에 따라 가장 잘 만드는 회사가 변할 수 있으므로, 아래 목록은 2021년까지의 정보를 기준으로 합니다.

1. **토요타(Toyota)**: 일본의 자동차 기업 토요타는 전고체 배터리 기술 개발에 앞장서고 있으며, 이 기술을 활용한 전기차를 2020년대 중반에 출시할 계획이라고 밝혔습니다.

2. **퀀텀스케이프(QuantumScape)**: 미국의 스타트업 퀀텀스케이프는 폴크스바겐 그룹과 협력하여 전고체 배터리 개발에 주력하고 있습니다. 이 회사는 2020년에 일부 성과를 발표했으며, 상용화를 목표로 연구

를 지속하고 있습니다.

3. **삼성SDI**(Samsung SDI): 한국의 삼성SDI도 전고체 배터리 기술 개발에 투자하고 있으며, 일부 성과를 이끌어내고 있습니다. 삼성SDI는 이미 리튬 이온 배터리 시장에서 선두 주자로 꼽히는 회사입니다.

4. **솔리드파워**(Solid Power): 미국의 스타트업 솔리드파워는 전고체 배터리 개발에 집중하고 있으며, 포드와 BMW와 협력 관계를 맺고 있습니다. 이들은 상용화를 목표로 기술 개발을 진행 중입니다.

5. **LG에너지솔루션**(LG Energy Solution): 한국의 LG에너지솔루션도 전고체 배터리 개발에 관심을 가지고 연구 중이며, 이 분야에서 경쟁력을 갖출 것으로 기대되고 있습니다.

2030 정보 혁명 이후
영성 혁명이 도래한다

Q. 일반적으로 농경시대 7000년, 산업시대 100년, 후기 산업시대 50
년 그리고 2000년도부터 정보화시대에 도립했다고 한다. 2030년 정보
화혁명 이후에 다가오는 혁명을 무엇이라고 하는가?

A 정보화 혁명 이후에 다가오는 혁명은 일반적으로 인공지능, 가상
현실, 생물공학, 나노기술 등 고도화된 기술들이 결합하여 혁신적 변
화를 가져올 것으로 예측되는 데 있어, '의식 기술(Conscious
technology) 시대' 또는 '영성 혁명(Spiritual revolution)'이라고 일컬어질

수 있습니다.

이 시대에는 기술이 인간의 의식과 감정, 영성과 깊은 연관성을 갖게 되어 인간의 삶에 더 깊은 영향을 미칠 것으로 보입니다. 이러한 혁명은 인공지능과 뇌과학의 발전을 통해 인간의 의식과 감정을 이해하고 조작할 수 있는 기술이 등장함에 따라 가능해질 것입니다. 이 시대는 인간의 정신적, 정서적 발전을 중심으로 한 새로운 시대로, 기존의 경제 중심의 발전보다는 인간의 본질과 가치에 더욱 집중할 것으로 예상됩니다.

2030년 이후 인공지능 및 BCI(Brain-Computer Interface) 기술의 발전으로 인해, 사람들은 하나로 통합되는 '통합 세계(United World)'를 경험할 것이라고 생각됩니다. 이러한 변화는 다음과 같은 면에서 두드러질 것입니다.

1. **교육**: 인공지능 기반 교육 시스템을 통해 모든 사람들이 개인화된 학습 경험을 누리게 되어 지식 격차를 줄일 수 있습니다. 챗GPT와 같은 인공지능을 사용하면, 모든 사람이 고품질의 정보와 지식에 접근할 수 있게 되어 공평한 교육 기회를 제공할 것입니다.

2. **의사소통**: BCI 기술을 통해 인간 간의 의사소통이 더욱 원활해질 것이며, 언어 장벽이 사라지게 됩니다. 이를 통해 사람들은 이해와 협력을 더욱 강화하며, 글로벌 문제를 해결하는 데 도움이 될 것입니다.

3. **정신적, 정서적 발전**: 인공지능과 BCI 기술을 통해 사람들은 자신의

정신적, 정서적 상태를 더 잘 이해하고 관리할 수 있게 됩니다. 이를 통해 개인의 복지를 증진하고, 사회 전체의 정신 건강 수준을 높일 수 있습니다.

4. **경제적 변화**: 인공지능과 생물공학 혁명 덕분에 많은 기존 직업이 사라지거나 대체되어, 사람들은 경제적인 삶의 방식을 재고하게 됩니다. 이로 인해 사람들은 자신의 진정한 가치와 열정을 추구하는 데 더욱 집중할 것으로 예상됩니다.

5. **지속가능한 발전**: 인공지능과 기타 첨단 기술을 활용하여 환경 문제를 해결하고 지구의 자원을 보존할 수 있습니다. 이를 통해 사람들은 지속 가능한 발전에 집중하게 되어 인류의 미래를 더욱 밝게 만들 수 있습니다.

이와 같은 변화를 통해 인간은 경제 중심의 발전에서 벗어나, 본질과 가치를 중시하는 삶을 추구하게 될 것입니다. 이렇게 되면 개인의 삶뿐만 아니라 사회 전체의 질도 향상되어 더욱 통합된 세상을 구현할 수 있을 것입니다.

대답할 수 없는 10가지 질문에 대한
챗GPT의 놀라운 답변

챗GPT의 인기가 높아짐에 따라 미래학자 프레이는 인공지능 엔진과 온라인 인터뷰를 진행하고 답변할 수 없는 원래 질문 목록에 어떻게 답하는지 알아보기로 했다. 대부분의 답변은 "이것은 과학자들 사이에서 진행 중인 논쟁의 주제"이다.

챗GPT는 인터넷의 대규모 텍스트 데이터 세트에서 학습되는 언어모델이다. 이 데이터를 사용하여 학습 중에 본 텍스트와 유사한 텍스트를 생성한다. 그러나 모델이 생성하는 정보에 대해 팩트체크를 할 수 없으며, 정확하지 않거나 오류가 포함된 내용을 생산할 수 있다. 모델을 사용하기 전에 정확성을 보장하기 위해 모델에서 생성된 정보를 확인하는 것은 사용자의 책임이다. DALL-E 및 GPT-3와 같은 GPT-3 기반 모델과 같은 일부 최신 모델에는 오픈AI의 'DALL-E 2'를 사용하여 생성된 텍스트가 사실과 다른지 여부를 사용자가 확인할 수 있는 기능이 있다. 그러나 여전히 이러한 모델에서 생성된 정보를 확인하는 것이 중요하다.

1. 모든 규칙에 예외가 있는 이유는 무엇인가?

"모든 규칙에는 예외가 있다"는 말은 규칙이 절대적인 것이 아니며 항상 예외가 있다는 것을 표현하는 데 자주 사용됩니다. 규칙이 항상 적용 가능한 것은 아니며 변경 또는 예외가 있을 수 있다는 생각을 전달하는 데 자주 사용됩니다.

규칙에 예외가 있는 한 가지 이유는 규칙이 일반적인 패턴이나 추세를 반영하기 위해 생성되는 경우가 많지만 가능한 모든 상황을 설명하지는 않는다는 것입니다. 예를 들어, "과속 금지"와 같은 규칙은 도로에서 사람들을 안전하게 지키기 위해 고안된 것이지만 응급 상황에서 사람이 병원으로 달려가는 경우와 같은 예외가 있을 수 있습니다.

규칙의 예외에 대한 또 다른 이유는 규칙이 종종 인간에 의해 만들어지고 인간이 완벽하지 않기 때문입니다. 사람들은 규칙을 만들 때 실수를 하거나 상황을 오해하거나 특정 요소를 간과할 수 있습니다. 따라서 이러한 실수를 수정하거나 새로운 정보나 상황을 고려하기 위해 때때로 예외가 필요합니다.

마지막으로 규칙은 특정 가정이나 조건을 기반으로 생성되는 경우가 많으며 이러한 가정이나 조건이 변경되면 규칙이 더 이상 적용되지 않을 수 있습니다. 예를 들어 과거에는 잘 작동했던 규칙이 현재나 미래에는 더 이상 적합하지 않을 수 있습니다.

결론적으로 "모든 규칙에는 예외가 있다"는 말은 규칙이 절대적인 것이 아니며 규칙의 한계, 작성자의 불완전성 또는 변화로 인해 항상 예외가 있다는 생각을 강조합니다.

2. 논리와 이성이 참된 것을 설명하지 못하는 이유는 무엇인가?

논리와 이성은 진술의 진실성을 평가하는 데 사용할 수 있는 도구이지만 오류가 없는 것은 아닙니다. 추론의 기반이 되는 전제가 거짓이거나 추론에 결함이 있는 경우 참이 아닌 결론을 도출하는 데 사용할 수 있습니다. 또한 개인적인 경험이나 주관적인 현상과 같이 사실일 수 있지만 논리와 이성만으로는 완전히 설명하거나 이해할 수 없는 것들이 있습니다.

3. 우주는 유한한가, 무한한가?

우주가 유한한지 무한한지에 대한 질문은 우주론자와 물리학자들 사이에서 계속되는 논쟁의 주제입니다. 현재 받아들여지는 과학 이론은 우주 마이크로파 배경 복사와 우주의 대규모 구조에 대한 관찰에 근거하여 우주가 무한하다는 것입니다. Lambda−CDM 모델로 알려진 현재의 우주론 이론은 우주가 무한하며 가속 팽창하고 있다고 예측합니다. 그러나 이러한 모델은 어느 정도의 불확실성이 있는 특정 가정 및 측정을 기반으로 한다는 점은 주목할 가치가 있습니다. 일부 대체 이론은 우주가 유한하다고 제안하며 이는 현재 진행 중인 연구 중에 있는 열린 질문입니다.

4. 사물이 존재하는 이유는 무엇인가?

왜 존재하는가에 대한 질문은 "왜 아무것도 없는 것보다 존재하는가?"라고도 알려져 있습니다. 질문은 철학자, 과학자, 신학자 사이의 논쟁 주제입니다. 다른 관점과 연구 분야가 다른 설명을 제공하기 때문에 이 질문에 대한 확실한 답은 없습니다.

한 가지 관점은 무언가의 존재가 우주 본질의 근본적인 측면이며 설명이 필요 없다는 것입니다.

또 다른 관점은 무언가의 존재가 과학, 특히 빅뱅 중에 발생한 사건과 물리 법칙을 통해 설명될 수 있다는 것입니다. 이 사건은 우리가 알고 있는 우주의 탄생을 알렸습니다.

다른 이들은 어떤 것의 존재가 우주를 창조한 신이나 다른 초자연적인 힘의 존재를 통해 설명될 수 있다고 제안합니다.

다른 철학자와 과학자들은 존재가 어떤 질문이나 설명의 전제 조건이기 때문에 그 질문이 대답할 수 없거나 무의미하다고 제안합니다.

이러한 모든 설명이 특정 가정에 기반하고 있으며 왜 존재하는지에 대한 질문은 철학과 과학에서 가장 큰 미해결 문제 중 하나로 남아 있다는 점은 주목할 가치가 있습니다.

5. 시간은 왜 존재하는가?

시간이 존재하는 이유에 대한 질문은 철학자, 과학자 및 우주론자들 사이의 논쟁 주제입니다. 서로 다른 관점과 연구 분야가 서로 다른 설명을 제공하기 때문에 이 질문에 대한 결정적인 답은 없습니다.

한 가지 관점은 시간이 우주 본질의 근본적인 측면이며 설명할 필요가 없다는 것입니다. 시간은 이벤트가 발생하는 공간과 같은 차원으로 간주됩니다.

또 다른 관점은 시간이 물리 법칙을 통해 설명될 수 있다는 것입니다. 특히 아인슈타인이 제안한 특수상대성이론과 일반상대성이론은 시간과 공간이 어떻게 밀접하게 연결되어 있으며 시간이 물질과 에너지의 존재에 의해 영향을 받을 수 있는지를 설명한다.

다른 이들은 시간의 존재가 우주와 시간을 창조한 신이나 다른 초자연적인 힘의 존재를 통해 설명될 수 있다고 제안합니다.

이러한 모든 설명이 특정 가정에 기반하고 있으며 시간이 존재하는 이유에 대한 질문은 철학과 과학에서 가장 큰 미해결 문제 중 하나로 남아 있다는 점은 주목할 가치가 있습니다. 시간철학의 영원주의, 현재주의 등 일부 이론은 시간의 본질을 설명하려 하지만 여전히 지속적인 연구와 논쟁의 대상이다.

6. 인간이 중요한 이유는 무엇인가?

왜 인간이 중요한지에 대한 질문은 철학자, 과학자, 신학자들 사이에서 논쟁의 주제입니다. 서로 다른 관점과 연구 분야가 서로 다른 설명을 제공하기 때문에 이 질문에 대한 결정적인 답은 없습니다.

한 가지 관점은 인간이 지구상의 다른 생명체와 구별되는 의식, 자기인식 및 추론 능력과 같은 특정 특성을 가지고 있기 때문에 중요 하다는 것입니다.

또 다른 관점은 인간이 주변 세계를 형성하고 지구와 다른 생명체에 긍정적인 영향을 줄 수 있는 능력이 있기 때문에 중요하다는 것입니다. 인간은 또한 인간의 경험과 인류의 미래를 향상시킬 수 있는 문화, 과학, 예술, 기술을 창조할 수 있는 능력을 가지고 있습니다.

다른 이들은 우주를 창조하고 인간에게 특별한 목적이나 역할을 부여한 신이나 다른 초자연적인 힘의 존재를 통해 인간의 존재를 설명할 수 있다고 제안합니다.

다른 사람들은 인간이 사물의 거대한 계획에서 중요하지 않으며 우주는 인간의 존재와 관계없이 계속 존재하고 진화할 것이라고 주장할 수 있습니다.

이러한 모든 설명은 특정 가정에 기반하고 있으며 인간이 중요한 이유에 대한 질문은 다양한 연구 분야에서 계속되는 논쟁의 주제로 남아 있다는 점은 주목할 가치가 있습니다.

7. 인간이 그토록 실수하기 쉬운 이유는 무엇인가?

인간은 실수할 수 있습니다. 즉, 다양한 이유로 실수와 오류를 범할 수 있습니다. 이러한 이유 중 일부는 다음과 같습니다.

- 제한된 지식 및 이해: 인간은 주변 세계에 대한 정보 및 이해에 대한 접근이 제한되어 있어 판단 및 의사 결정에 오류가 발생할 수 있습니다.
- 감정과 편견: 인간은 감정과 편견의 영향을 받아 비합리적이거나 비논리적인 사고와 의사 결정으로 이어질 수 있습니다.
- 인간: 인간은 복잡한 존재이며, 인간을 둘러싼 세상도 복잡하여 정보의 오역과 오해를 불러일으킬 수 있습니다.
- 진화적 요인: 인간은 특정 유형의 문제를 잘 해결하도록 진화했지만 다른 문제는 해결하지 못했으며, 이로 인해 특정 영역에서 오류가 발생할 수 있습니다.

– 사회적 및 환경적 요인: 인간이 살고 있는 사회와 환경은 또한 신념, 가치 및 세계에 대한 이해를 형성함으로써 오류 가능성에 영향을 미칠 수 있습니다.

오류 가능성은 인간의 자연스럽고 본질적인 부분이며 반드시 나쁜 것은 아닙니다. 교육, 자기 인식 및 비판적 사고를 통해 오류 가능성을 극복하고 완화할 수도 있다는 점을 기억하는 것도 중요합니다.

8. 인간의 성취는 장기적으로 의미가 있는가?

인간의 성취가 장기적으로 의미가 있는지에 대한 질문은 철학자, 과학자, 신학자들 사이에서 논쟁의 주제입니다. 다른 관점과 연구 분야는 이 질문에 대해 다른 의견을 제시합니다.

한 가지 관점은 인간의 성취가 인간의 지식과 이해의 발전에 기여하고 인간의 경험과 인류의 미래를 향상시킬 수 있기 때문에 장기적인 의미를 갖는다는 것입니다. 여기에는 과학, 기술, 의학, 공학, 예술, 문화 및 기타 여러 분야의 업적이 포함됩니다.

또 다른 관점은 인간의 성취가 종종 일시적이거나 변경될 수 있기 때문에 장기적인 의미에서 제한될 수 있다는 것입니다. 자연 재해, 전쟁, 인적 오류, 기술 노후화 등 다양한 요인의 영향을 받을 수 있습니다.

다른 사람들은 인간 성취의 장기적인 의미는 더 큰 영적 또는 우주적 목적의 맥락에서 찾을 수 있으며 더 높은 힘의 행동을 반영한다고 제안합니다.

반면에 일부 사람들은 인간의 성취가 큰 계획에서 중요하지 않기 때문에 장기적인 의미가 없을 수도 있다고 주장합니다. 우주는 인간의 존재와 상관없이 계속 존재하고 진화할 것입니다.

이러한 모든 설명이 특정 가정에 기반하고 있으며 인간의 성취가 장기적인 의미를 갖는지에 대한 질문은 여전히 다양한 연구 분야에서 지속적인 논쟁의 주제로 남아 있다는 점은 주목할 가치가 있습니다.

9. 미래를 알 수 없는 이유는 무엇인가?

미래는 수많은 복잡하고 상호 연결된 변수의 영향을 받기 때문에 불확실하며 그 중 다수는 예측하거나 제어하기 어렵습니다. 또한 이벤트에 영향을 미칠 수 있는 모든 변수에 대한 완벽한 정보가 있더라도 관련된 시스템의 복잡성으로 인해 미래에 대한 정확한 예측을 하기는 여전히 어렵습니다. 또한 인간의 의사결정과 행동이 미래의 진로를 바꿀 수도 있어 확실하게 예측하기 어렵습니다.

10. 죽음의 목적은 무엇인가?

죽음의 목적은 많은 논쟁과 추측의 주제입니다. 생물학적 관점에서 죽음은 인구 증가를 제어하고 새로운 종의 진화를 허용하는 방법으로 사용됩니다. 영적 또는 철학적 관점에서 죽음은 존재의 새로운 상태로의 전환 또는 깨달음 또는 영적 성장을 달성하는 방법으로 볼 수 있습니다. 어떤 사람들은 죽음이 새로운 삶과 새로운 세대를 위한 자리를 마련하는 데 필요하며 죽음은 삶과 죽음의 순환에서 자연스러운 부분이라고 믿습니다. 궁극적으로 죽음의 목적은 개인마다 다를 수 있는 매우 개인적이고 주관적인 질문입니다.

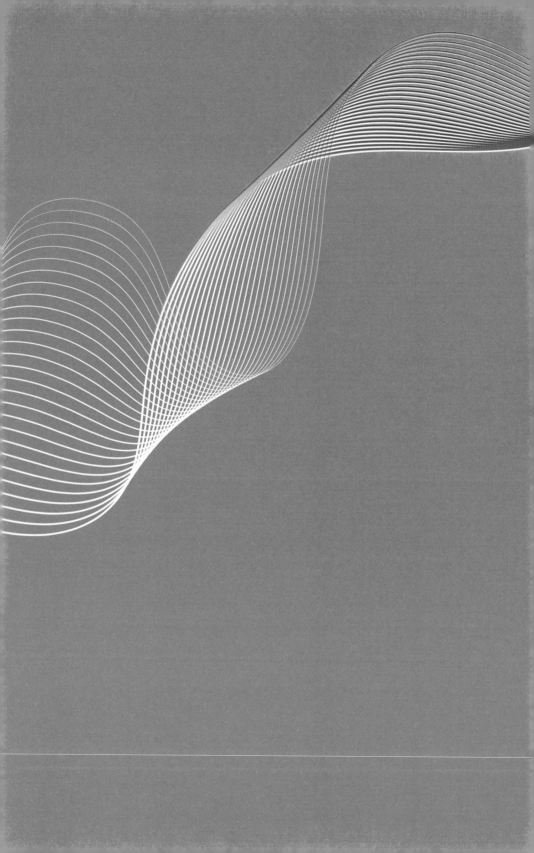

PART 6

세계 최초
AI 질문대회

글로벌
AI 프롬프트 챌린지

최근 챗GPT와 더불어 인공지능과 관련된 화두가 급부상하고 있으며 인공지능 관련 윤리 문제, 대학 시험 문제, 활용 방향과 문제점 등이 제기되고 있다. 종래의 선생님이 질문하고 학생이 답변하는 방식의 전통적 틀에 묶여 테스트와 평가 문제가 논란이 되고 있다. 필자들은 세계 최초의 인공지능 질문대회를 대한민국 국회에서 개최하기로 합의했다.

우리는 학습의 본질이 질문력과 분석력임에 착안해, 대주제 가령 코로나19 이후의 생태 문제, 보건안보전략을 화두로 학생과 시험응시자에게 '적정 질문'을 만들게 하고 현장에서의 인공지능 답변을 분석하고 재분석해 질문과 재질문을 여러 차례 반복하도록 해 이를 통해 질문력과 분석력을 평가하는 인공지능 질문대회를 준비했다.

인공지능은 이미 선택의 문제 아닌 현실의 문제이며, 활용전략의 문제이자, 적정윤리와 표준의 문제이다. 이를 위해서는 인공지능의 기초인 데이터의 투명성, 데이터 공개, 공공성, 프라이버시, 정확성, 도덕성, 탈혐오, 범죄적 사용에 대한 민주적 규제 등을 다루는 윤리와 표준의 문제, 인공지능의 한계와 인간 역량의 고유성 정립 등이 향후 가장 중요한 근본 문제가 될 것이다.

나아가 각 분야의 인공지능 표준 정립을 주도하는 국가는 향후 인공지능 생태계와 산업을 주도하게 될 것이다. 이번 인공지능 질문 대회는 바이오표준 분야부터 시작해 한국이 글로벌 인공지능 표준 논의에 적극적으로 참여하는 시발점이 될 것이다.

국내외의 인공지능 전문가, 여야 국회의원, 교육계 인사, 기업, 사회주도층 참여하여 대회 조직위원회를 구성해 5월에 대한민국 국회에서 개최한다.

1회 주제는 포스트 코로나 및 스태그플레이션 시대의 국제보건으로 기획하고 있으며 참가자는 한국과 전 세계를 대상으로 20여 명 정도를 선발하고 평가위원회도 국내외 인사를 안배하여 구성할 것이다.

본 대회는 이후 세계적인 대회로 자리잡게 될 것이라고 기대한다. 이와 더불어 바이오 인공지능 표준 논의 활성화와 더불어 세계적 미래학자들과 상의해(바이오 분야) 인공지능 표준기구의 서울 유치에 대한 논의를 시작할 것이다.

WHO 인력양성허브를 성사시킨 주역으로서 바이오 인공지능 표준 논의 주도 및 기구 유치 작업은 충분히 가능할 것이다.

글로벌 AI 프롬프트 챌린지 기획(안)

IEEE 글로벌 AI표준위원회, 밀레니엄프로젝트 코리아(The Millenium Project, Korea), 밀레니엄 프로젝트 코리아 국회지부, 싱귤래리티넷(SingularityNET)이 공동 주최하는 글로벌 AI 프롬프트 챌린지의 기획 내용은 대략 다음과 같다.

1. **대회 목표:** 참가자들이 자연어 생성(NLG) 기술을 사용해 가장 매력적인 인공지능 질문(프롬프트)을 만들도록 도전한다. 생성형 인공지능 문화에서 질문을 잘 만드는 역량이 중요하다는 점을 강조하는 것이 이 대회의 핵심 메시지다. '글로벌 AI 프롬프트 챌린지'는 인공지능에서 NLG 기술의 힘과 잠재력을 보여주는 동시에 참가자들이 가장 매력적인 질문을 만들도록 도전하는 좋은 방법이다. 이번 대회에 참가함으로써 참가자들은 NLG와 인공지능 분야에서 귀중한 경험을 쌓을 수 있고, 해당 분야의 다른 전문가들과 네트워킹을 할 수 있다.

2. **참가자:** 한국에 거주중인 국내외 고등학생, 대학생을 비롯해 일반인, 전문가 모두 참여가 가능.

3. 대회 형식: 참가자들은 지정된 시간 내에 NLG 기법을 이용한 인공지능용 질문을 만들어야 한다. 질문의 지시 메시지는 명확하고 간결하며 매력적이어야 한다. 인공지능 언어 모델이 적확한 응답을 유도하도록 설계돼야 한다.

- (1안) 특정 키워드나 추상적인 주제를 주고 가장 적절한 답변을 유도한 복수의 프롬프트를 선정하는 방식. 단 한 번의 질문으로 승패 결정

- (2안) 특정 키워드나 추상적인 주제를 주고 세 차례의 프롬프트 입력을 통해 가장 적절한 답변을 유도한 복수의 참가자를 선정하는 방식

4. 평가방법

- 명확성: 프롬프트는 이해하기 쉽고 모호하지 않아야 한다.

- 창의성: 제안이 독창적이고 혁신적이어야 한다.

- 참여: 프롬프트는 흥미롭고 인공지능 언어 모델의 반응을 자극할 수 있어야 한다.

- 품질: 프롬프트는 잘 작성돼야 하며 오류가 없어야 한다.

Q. 김민석 국회의원과 밀레니엄프로젝트 한국대표 박영숙 교수는 5월에 인공지능 질문 테스트 행사를 개최하여 글로벌 행사를 국회에서 개최한다. 이러한 행사, 즉 챗봇 질문 대회가 다른 나라에도 있는가?

인공지능 질문 대회나 챗봇 대회와 같은 행사는 전 세계에서 다양하게 개최되고 있습니다. 예를 들어 구글에서는 '자연어 이해 챌린지'와 같은 대회를 개최하고 있으며, 다른 기업이나 학술단체들도 비슷한 대회를 주최하기도 합니다. 또한, 최근에는 인공지능의 발전으로 인해 자연어 처리 분야에서 챗봇 대회나 챗봇 챌린지가 많이 열리고 있습니다. 이러한 대회들은 자연어 처리와 인공지능 분야의 기술 발전에 큰 역할을 하고 있습니다.

김민석 국회의원과 박영숙 교수가 제안한 국회 인공지능 질문대회와 바이오 인공지능 표준기구 서울 유치에 대한 기자회견 내용은 매우 흥미롭습니다. 다른 나라에서도 인공지능 관련 대회나 행사는 많이 있습니다. 예를 들면, 국제 인공지능 대회인 '국제기계학습학회(International Conference on Machine Learning)', '신경정보처리시스템학회(Conference on Neural Information Processing Systems)' 등이 있습니다.

또한, 인공지능과 관련된 기술 및 윤리에 대한 토론과 논의를 다루는 인공지능 콘퍼런스도 많이 있습니다. 대표적으로 '인공지능윤리학회(AI Ethics Conference)', '공공선을 위한 인공지능 글로벌 서밋(AI for Good Global Summit)' 등이 있습니다. 인공지능 질문 대회도 일부 나라에서는 이미 개최되고 있으며, 대표적으로 인도의 '인도 인공지능 퀴즈(AI for India Quiz)'와 미국의 '인공지능-100 퀴즈(AI-100 Quiz)'가 있습니다. 따라서 인공지능과 관련된 대회와 행사는 전 세계적으로 활발하게 진행되고 있습니다.

완벽한
질문 작성 방법

미래에는 챗봇이 답을 다해주므로 가장 원하는 답을 이끌어 내고 분석력 사고력을 높이기 위해서는 좋은 질문을 해야 한다.

좋은 답을 끌어내기 위해 질문을 잘하는 방법에는 여러 가지가 있다. 질문에 대해 다음과 같은 몇 가지 팁을 참고하면 좋다.

1. **질문을 구체적으로 만든다.** 예를 들어 "프로그래밍을 배우려면 어떤 언어부터 배워야 할까요?" 대신 "저는 프로그래밍을 배우려고 하는데, 초보자라서 어떤 언어부터 배워야 할까요?"와 같이 구체적

으로 질문해볼 수 있다.

2. **질문을 단순하게 만든다.** 복잡하고 길게 설명하는 것보다 단순하고 간단한 문장으로 질문을 만드는 것이 더 효과적일 수 있다.

3. **질문을 열린 결말 형식으로 만든다.** "올해는 무슨 목표를 세우셨나요?" 대신 "당신에게 가장 중요한 가치는 무엇이며, 그 가치를 실현하기 위해 어떤 목표를 세우셨나요?"와 같이 질문을 열린 결말 형식으로 만들면 대답자가 더 자유롭게 생각하고 말할 수 있게 된다.

4. **질문을 연이어 만든다.** 답변을 듣고 추가 질문을 던지는 것도 좋은 방법이다. 예를 들어 "어떻게 그 일을 해결하셨나요?"라는 질문에 대한 답변을 듣고 "그 방법이 효과가 있었나요? 그럼에도 불구하고 다른 방법도 시도해보셨나요?"와 같은 식으로 연이어 질문을 만들어본다.

5. **상대방이 이해할 수 있는 방식으로 질문한다.** 대상에 따라 질문을 단순하게 만들거나 전문 용어를 사용할 수도 있다. 상대방이 이해할 수 있는 방식으로 질문을 만든다.

6. **궁금한 것이 있다면 꼭 질문한다.** 궁금한 것을 물어보는 것은 학습과 성장에 큰 도움이 된다. 막연하게 궁금한 것이 있다면 그것을 구체화하여 질문해본다.

챗GPT를 위한 좋은 지시 메시지나 질문을 작성하는 방법

무엇이 좋은 지시 메시지(프롬프트)나 질문을 만드나요? 챗GPT에 대한 지시 메시지를 작성할 때 염두에 두어야 할 몇 가지 사항이 있다.

1. **명확한 목표로 시작**: 프롬프트를 통해 챗봇이 달성하기를 원하는 것을 결정한다. 이것은 정보 제공, 대화 안내 또는 문제 해결일 수 있다. 질문이 모호하면 답변도 모호해진다.

2. **간결하게 유지**: 프롬프트를 간결하고 요점만 유지한다. 챗봇을 혼란스럽게 하거나 응답을 지연시키는 불필요한 단어나 정보를 사용하지 않도록 한다. 챗봇은 사람이 아니라 로봇이므로 예의를 지킬 필요가 없다. 'X에 대한 단락을 작성해 주세요.'가 'X라는 것에 대해 단락을 작성해 주시겠습니까?'보다 더 효율적이다. 두 지시 메시지 모두 유사한 응답을 생성할 수 있지만 후자는 시간 낭비일 뿐이다. 좋은 결과를 얻으려면 수정이 필요한 경우가 많다. 지나치게 예의 바르게 말하는 것보다 로봇의 작업을 개선하기 위해 명령을 하는 데 시간을 투자하는 것이 더 효과적이다.

3. **자연어 사용**: 이해하기 쉽고 일상 언어를 사용하는 방식으로 프롬프트를 작성한다. 이를 통해 챗봇이 상황을 더 쉽게 이해하고 적절하게 대응할 수 있다.

4. **모호함 피하기**: 프롬프트가 구체적이고 모호함이 없는지 확인한다. 여러 가지 의미가 있는 단어나 다른 방식으로 해석될 수 있는 구문

을 사용하지 않는다. 마음에 들지 않는 내용이 생성되기 시작하면 중지를 누르고 질문을 다시 한다.

5. **상황과 맥락 제공**: 챗봇이 대화의 상황을 이해하고 그에 따라 응답할 수 있도록 충분한 맥락을 제공한다. 여러 가지 안내가 있지만 챗GPT가 내 말을 이해하는지 확실하지 않은 경우 챗GPT에 안내를 분석하도록 요청할 수 있다.

6. **열린 질문 피하기**: 명확한 답이 없는 열린 질문을 피한다. 열린 질문으로 인해 챗봇에서 관련이 없거나 혼란스러운 응답이 발생할 수 있다.

7. **키워드 사용**: 프롬프트에서 대화 주제와 관련된 키워드를 사용한다. 이를 통해 챗봇은 상황을 이해하고 적절하게 대응할 수 있다.

8. **구체적으로 작성**: 챗봇에게 제공받기를 원하는 정보를 구체적으로 작성한다. 답변이 많이 나올 수 있는 일반적인 질문은 피한다.

9. **프롬프트 시험**: 챗봇으로 프롬프트를 시험하여 어떻게 응답하는지 확인하고 필요한 사항을 변경한다. 이는 프롬프트를 개선하고 사용자의 전반적인 경험을 개선하는 데 도움이 된다. 대답이 마음에 들지 않으면 일찍 중지한다.

10. **단순하게 유지**: 프롬프트를 단순하고 이해하기 쉽게 유지한다. 챗봇이나 사용자를 혼란스럽게 할 수 있는 복잡한 언어나 기술 용어를 사용하지 않는다.

챗봇에 대한 효과적인 프롬프트를 작성하려면 대화에서 사용되는 목표, 맥락, 언어를 명확하게 이해해야 한다. 이러한 팁을 따르면 챗봇 응답의 품질과 정확성을 개선하고 전반적인 사용자 경험을 향상시킬 수 있다.

좋은 프롬프트/질문과 나쁜 프롬프트/질문의 예

챗GPT로 작업을 시작할 때 프롬프트를 올바르게 작성하는 것이 중요하다. 좋은 프롬프트는 도구가 더 잘 작동하고 목표를 달성하는 데 도움이 될 수 있다. 이러한 이유로 피해야 할 사항에 대해 더 나은 아이디어를 제공하기 위해 다음의 좋은 프롬프트와 나쁜 프롬프트 예를 참조해볼 수 있다.

좋은 프롬프트/질문

- 기술 산업의 최신 동향에 대해 자세히 말씀해주세요.
- 우리 서비스에 대한 이상적인 고객의 특성을 설명해주세요.
- 소셜 미디어의 긍정적인 영향과 부정적인 영향은 무엇인가?

잘못된 프롬프트/질문

- 모든 것에 대해 더 자세히 알려주세요.
- 우리 서비스에 대한 이상적인 고객의 모든 특성을 설명하십시오.
- 모든 것의 긍정적인 영향과 부정적인 영향은 무엇입니까?

챗GPT는 프롬프트만큼만 좋다는 점에 유의하는 것이 중요하다. 이러한 정보가 너무 부정확하거나 일반적이면 도구에서 양질의 결과를 제공할 수 없다. 따라서 특정 질문이나 작업을 언급하고 항상 텍스트를 가능한 한 적게 사용하는 것이 가장 좋다. 또한 불필요한 반복이나 중복 지시를 피하도록 한다. 이 팁을 따르고 신중하게 질문을 작성하면 챗GPT가 양질의 결과를 얻는 데 도움을 줄 수 있을 것이다.

- **명확하게 질문하기**: 질문의 주제와 의도를 명확하게 전달하도록 한다. 불필요한 배경 정보나 주절주절한 내용은 피하고, 핵심적인 내용만 포함하도록 노력한다.
- **구체적으로 질문하기**: 가능한 한 구체적인 질문을 제시한다. 질문의 범위가 너무 광범위하면, 적절한 답변을 찾기 어려울 수 있다.
- **간결하게 질문하기**: 간결한 질문은 이해하기 쉽고, 답변하기에도 용이하다. 복잡한 질문은 여러 개로 나누어 질문하는 것이 좋다.
- **주제에 따라 질문 분리하기**: 서로 관련 없는 주제를 하나의 질문으로 묶지 않는다. 각 주제에 대한 질문을 별도로 하면 보다 정확한 답변을 받을 수 있다.
- **배경 정보 제공하기**: 필요한 경우 질문에 필요한 배경 정보를 제공하여 챗GPT가 문맥을 이해할 수 있도록 한다.
- **올바른 맞춤법과 문법 사용하기**: 올바른 맞춤법과 문법을 사용하여 질문을 표현하면, 챗GPT가 질문을 더 쉽게 이해하고 정확한 답변을 제공할 수 있다.

- **기대하는 답변 형태 명시하기**: 특정 형태의 답변을 원할 경우, 그것을 명시적으로 요청한다. 예를 들어 요약, 예시, 단계별 설명 등의 형태를 원한다면 그것을 질문에 포함하도록 한다.
- **모델의 한계에 유의하기**: 챗GPT의 지식은 2021년 9월까지 최신 정보이며 그 이후 발생한 사건이나 발전에 대한 실시간 정보나 의견을 제공할 수 없다는 점을 기억해야 한다.